U0926286

金牌店长
修炼笔记

方一舟 著

中国铁道出版社有限公司
CHINA RAILWAY PUBLISHING HOUSE CO., LTD.

图书在版编目（CIP）数据

金牌店长修炼笔记 / 方一舟著 . —北京：中国铁道出版社，2017. 7（2022. 9 重印）

ISBN 978-7-113-23010-4

Ⅰ. ①金… Ⅱ. ①方… Ⅲ. ①商店-商业经营 Ⅳ. ①F717

中国版本图书馆 CIP 数据核字（2017）第 088568 号

书　　名：金牌店长修炼笔记

作　　者：方一舟

责任编辑：郭景思　　**编辑信箱：**guojingsi@ sina.cn

封面设计：王　岩

责任印制：赵星辰

出版发行：中国铁道出版社有限公司（100054，北京市西城区右安门西街 8 号）

网　　址：http://www. tdpress. com

印　　刷：中煤（北京）印务有限公司

版　　次：2017 年 7 月第 1 版　　2022 年 9 月第 10 次印刷

开　　本：880 mm × 1 230 mm　1/32　印张：10. 25　字数：237 千

书　　号：ISBN 978-7-113-23010-4

定　　价：48. 00 元

前　言

改革开放至今，中国零售业的发展已经走过了三十多年的历程。在这个转变的过程中，随着经济高速发展，市场日渐成熟，整个行业的发展水平也有了极大的提升。从计划经济时代到市场经济时代，商业的日益繁荣给消费者带来了更多的选择，至此，服务逐步成为继商品质量和商品价格之后的第三大关注点。在众多选择面前，商品的基本使用需求不再是人们在购物时所考虑的唯一重点，商品所带来的精神享受反倒成为消费者购物过程所极力追求的，它包括一件商品能否彰显自己的品位和个性，能否满足职业、身份、年龄的要求及对时尚和情趣的追求等。

经济的发展、消费水平的提高、人们的审美追求等，为开店提供了有利条件，为店铺销售市场创造了巨大商机，但这是否意味着开店便能赚钱？答案当然是否定的。凡事有利就有弊，店铺经营亦是如此。

做店长容易，做金牌店长不易。面对机遇与挑战并存的商业时代，以及如此激烈角逐的竞争格局，门店经营者如何优化管理？如何快速掌握市场需求的变化，提升顾客满意度，确保竞争力？如何保持健康、持续、高速的发展势头？如何迅速赢得利润？这些问题俨然已经成为想要经营店铺或者已经在经营管理店铺的店长必须深思的问题。

为了便于门店经营者更好地明确自身的职责与权力，了解优秀的店长日进斗金的独门秘籍，让店长在日常的经营管理工作中能够有章可依、有序可循、有例可鉴，我们从科学、简单、实用的角度出发，为经营者详细介绍了成为一名金牌店长所应做的种种修炼，其中包括店长个人角色的定位、店长职权与所需能力的规定、店铺的选址、店面的设计装修技巧、员工管理、商品成交技巧、一流服务团队建设、危机管理、营销宣传、品牌建设与管理、经营谋略等，以及O2O模式下的经营修炼。本书以简洁通俗的语言，结合真实生动的案例，为店铺经营者提供了诸多经营管理的知识及简便易行、操作性强的经营管理技巧。

当然，我们必须承认由于客观条件的限制，商业市场瞬息万变的事实，以及各个行业现实状况的差异等，本书的内容难以涵盖店铺经营中所有的具体问题。但是，我们相信有了它的帮助，店长对于门店经营的诸多事宜一定会有一个更明确的认识，日常的经营管理工作也一定会由烦琐变得简单，由杂乱变得有序。店长只要结合自身的客观情况，再以本书的案例或经营管理技巧作为参考，将本书所介绍的经营技巧、销售策略等运用到门店的实际经营中去，我们相信，本书一定会帮助您在花费少量金钱和精力的情况下，抓住很好的发展机会，获得更多的财富。

目录

第一部分　站得高，看得远
——金牌店长的大局观修炼

第 6 章　精心规划店面形象

第 7 章　市场攻防有诀窍

第 8 章　做好货品流转

第五部分 互联网 + 实体店
——金牌店长的 O2O 修炼

第一部分　站得高，看得远

——金牌店长的大局观修炼

第 1 章

是船长，更是舵手
——金牌店长的角色定位

店长是终端成败的灵魂

2014 年开春，曾凭借“中华三宝”入选国医年鉴的中国著名生物制品公司春芝堂，建立了强有力的培训班子，一马当先地展开了首届精英店长培训活动。

无独有偶，著名的世冠体育用品有限公司华南匹克也紧随其后，风风火火地在广东、海南、江西等地开展规模宏大的精英店长训练营。

同样，依托于欧诗漫集团，拥有 GMP 厂房先进生产设备的樱尚化妆品有限公司，也于 2014 年 7 月斥资 1.5 亿元人民币，在全国范围内开展金牌店长培训会。

在当今市场竞争异常激烈的情况下，春芝堂、华南匹克和樱尚为什么都不惜花费重金实施“店长工程”？

从“得渠道者为王”到“决胜终端”，我们可以很明显地看出各个行业关于“终端导购”“店长”“店老板”训练的需求越来越大，对于终端的重视程度也越来越高。很多企业都愿意在终端发展上增加投资，甚至组织企业内部的培训系统，一改以往的态度，积极改变目前的终端状态，强化终端的市场竞争力。而强化终端的市场竞争力，关键还在于增强终端门店领导者的实力。

日本知名休闲品牌优衣库曾经在深陷业绩下降的窘境时，摸索并验证出了这样一个管理理念：快时尚行业或大多数大型连锁模式企业的经营，“不应以公司总部为主导，而应以门店为中心”，并且“店长是公司主角”。

WE 大中华区总裁金献忠也曾表示：“一名优秀的店长的重要性对于企业而言有时等同于 CEO。”

众所周知，店长在终端门店的经营管理过程中起着承上启下的作用。他是公司的化身，是顾客的代言人，也是员工的向导，他维系着公司、终端门店以及顾客之间的关系。

品牌公司想开更多的直营店，加盟商也想往“单品牌多店”或“多品牌多店”的目标发展。这一推进过程，对店长的业务水平要求越来越高。店长作为一家零售终端的决策者和指挥者，店内经营管理的好坏直接影响到整个终端门店的盈利水平和服务质量。

这就像我们上学时候的班主任，一个班级表现如何，最直接相关的人不是校长，而是班主任。因为班主任必须天天与学生面对面地朝夕相处，给予学生最直接的教育、辅导，安排学生学习的进度，鼓励学生努力学习，还要针对班上的大小事务作出处理，对学生的成长付出关心和教育。因此班主任就成为一个班级成败的灵魂，一个好的班主任，他所带领的班级同样会很优秀。

同样的，一个门店的成败取决于诸多因素，老板作为门店的直接投资者和最终决策者；导购作为直接与顾客打交道，且常年处在市场销售一线的工作人员；督导作为一个门店的监督指导人员，他们都会对门店的发展产生重大的影响。然而，唯有店长，作为各层人员联系的纽带，作为每一个单店的直接领导者，每一个店面的核心，他才是门店成败的灵魂，直接决定着门店的命运。

店长是终端品牌的代言人

很多企业不惜重金聘请形象代言人，以此来提高顾客对于品牌的认知，从而提高自身的竞争力。但是，不管企业聘请多么大牌的品牌代言人，对于顾客而言，这只能增强他们对品牌的联想作用，增加他们的好奇心和光顾门店的概率。顾客最终是否购买产品，还是要看门店的形象是否与品牌的形象相一致。

一个品牌是如何在顾客心目中树立起来的呢？在这方面，杉杉服饰的成功无疑是极具代表性的事例。

杉杉服饰作为中国十大名牌服饰之一，某店店长始终将自身视为杉杉品牌的具体形象，奉行着“百川之流，服务为本”的信念。这位优秀店长推行“贵宾档案”制度，建立起每一位消费者的个人和家庭档案，并对他们进行跟踪服务，如定期进行回访，听取他们的意见反馈；生日或其他纪念日寄送礼品；根据顾客的需求有针对性地寄送商品资料等。这些细微的服务使消费者觉得自己真正受到了重视，从而超越了过去商家与消费者那种单纯的买卖关系。这位店长还推出了“服务承诺”活动，向消费者公开承诺导购服务、销售服务和售后服务的时限，即 3 分钟内提供导购服务，5 分钟内完成销售服务以及 15 分钟内完成售后服务。此店长强调，店员的一切工作都应以消费者满意为最终准则，从而将店员的服务意识提升到与商品质量同等甚至更高的位置。此外，他还倡导售前服务理念，为了给消费者提供服饰消费指导，他专门组织编写了《西服选购手册》《西服穿着手册》《西服保养手册》系列，致力于树立杉杉“西服专家”的形象。这位优秀店长用自己的辛劳不仅赢得了市场，而且让品牌深深扎根在消费者的心中。

事实上，顾客往往是通过店长所领导的门店去了解和认识一个企业和品牌的。店长就是企业、品牌与顾客之间的联系纽带。一个优秀的店长为企业和品牌所带来的良好口碑，往往要胜过一次耗资不菲的广告宣传。

也就是说，对于一家门店而言，真正能让顾客决定消费的，不仅依赖于产品，更依赖于门店的店长及其所领导的专业的销售人员。销售人员的素质和能力直接影响到品牌的终端形象，而店长作为门店的最高指挥官，更是责无旁贷地担当起企业和品牌形象代言人的重任。

门店品牌的创立依靠的是老板或者总公司的决策，而门店品牌的维持则要依靠各个终端门店的店长。只有店长才能够近距离地站在品牌经营销售的最前线，按照老板或公司的经营方针，综合且科学地对终端门店的运营情况进行分析，全面贯彻并执行门店的经营方针，执行公司的品牌策略、专柜策略，全力发挥店长的职能，在满足市场和顾客需求的同时，为门店创造更高的利润，并在职权范围内解决相关问题和做出正确的决策。

因而，店长实际上是以产品品牌终端的最高代言人的身份进行商业活动，传播品牌形象，扩大品牌影响力的。店长是门店的品牌经营者，是门店的灵魂人物，对门店品牌的维持和发展起着引领性的作用。

店长是终端门店的管理者

管理者是指在组织中直接监督和指导他人工作的人，管理者通过其职位和知识，对组织负有贡献的责任，因而他是能够实质性地影响该组织经营和达成成果的能力者。对于终端门店而言，店长就是这样的一种存在。他的价值就是把一群人带动组织起来，立足于老板或公司的经营要求，领导店员更好地经营管理门店。

那么，作为终端门店的管理者，店长的管理职权主要涉及了哪些方面呢？

1. 门店运作管理

门店运作管理主要是指店长对门店日常经营过程中的具体事务的管理。店长是终端门店的管理者，是店老板委派到一个终端门店负责店面运营的人。他的任务繁重，概括来说就是完成公司制定的营业目标、实行有效的工作。店长要从管理每天的营业活动开始，逐步完成公司制定的营业目标，实行有效的工作计划。这一管理职权细分到每天的门店运营管理工作中，主要包括店长在门店营业前做的准备、门店营业时的审查与销售管理、门店营业后的总结与整理工作。

2. 人员管理

台湾著名企业家毛仲强说过："现代管理，就是以人为中心的管理。一切管理的好坏，都是人所创造、影响和决定的。"

店长作为一家门店的最高领导者，对店内人员的管理是其管理职责中极其重要的任务。首先，对于一些新员工或者在某些业务上还不熟悉的员工，店长担当着教导员、培训师的职责。店长要定期组织相关的培训活动，帮助新员工尽快熟悉工作环境和工作任务。其次，一些员工可能由于工作的压力、家庭突发事件、人际交往矛盾等原因，常常会遇到这样或那样不开心的事情，从而产生一些不良的情绪，这是可以理解的，但如果把这种情绪带到工作中，影响到门店正常的销售，那就需要店长进行监督和疏导了。

3. 货品管理

店长对门店的货品同样负有管理责任，包括保证货品安全；确保店内存货合理；督导货场布置、橱窗展示及货品陈列；监管收货、退货及调货事项，并确保准确无误；留意市场趋势，分析顾客反映及竞争对手的变化，从而向公司提供积极建议等。

4. 销售服务管理

约翰·麦克唐纳说过："竞争的优势归根结底是管理的优势，而管理的优势则是通过细节来体现的。"

店长的销售服务管理要求店长要立足于顾客的利益，把握服务细节，指导门店员工以职业化水准销售货品，为顾客提供优质的服务，提高客户满意度；要妥善处理顾客投诉以及顾客的合理要求，与顾客、商家建立良好的买卖与合作关系。

因而，店长作为终端门店的管理者，他的事务管理能力影响着终端门店的正常经营活动，他的团队管理能力直接决定了团队的工作成效和人员的稳定性，而他的工作成效又直接影响了品牌店的服务质量、专业性、发展前景以及盈利能力。

店长是门店规划的执行者

很多企业或者门店所制订的战略规划都是比较科学和完善的，但为什么实行起来却不尽如人意呢？这里便牵扯到了战略执行力的问题。

所谓执行力，指的是贯彻战略意图，完成预定目标的操作能力。有些人认为执行力就是行动力，事实上，执行力当中确实包含了行动力，但它并非行动力那么简单。行动力只是强调"行动"，而执行力除了做出"行动"外，还要看行动的结果、规划的完成程度。

可以说，执行力是把企业或门店的战略、规划转化为效益、成果的关键。执行力包含完成任务的意愿、能力及完成任务的程度。对企业而言，执行力在一定情况下就是经营能力；对团队而言，执行力就是战斗力；而对个人而言，执行力就是办事能力。

在预定的时间内是否完成了自身的战略目标，这是企业或门店衡量执行力的标准。企业或门店战略目标的完成离不开管理者个人的执行力，即管理者是否能够按时、按质、按量地完成自己的工作任务。然而，在现实中屡见不鲜的现象在于，企业或门店的领导层整天强调提高执行力，但现实的结果与目标要求却相差甚远。于是，这里又涉及了规划与战略的执行问题。

在企业或门店的管理过程中，执行是非常重要的一个环节。没有执行，任何好的决策或目标都不可能成功，企业或门店的发展也不过是海市蜃楼，昙花一现。执行依靠的是执行者，对于企业或门店而言，最重要的执行者自然就是终端门店的店长。

终端门店店长对企业或门店规划的执行情况与企业或门店的发展有着密切的联系。店长执行力不足或者对规划和政策的执行不到位，往往会造成企业或门店在人力、财力上的大量内耗，甚至错过一些发展的良机，从而影响企业或门店的下一步战略规划和发展。因而，店长作为企业或门店规划的执行者，肩上所担负的责任是非常重大的。来看下面一个事例。

河北保定有一家餐饮店叫美食山，去过的顾客都惊叹于店员们的上菜速度。美食山的管理十分严格，店长要求员工严格按照总公司的制度与规范进行操作。比如，负责点菜的是两个人，菜单一下，厨房必须立即开工；拖地板时三个人同时进行，第一个人负责用比较湿的拖把拖地，第二个人拿着比较干的拖把拖第二遍，第三个人直接用抹布一路擦过去；一个大厅有五六十张餐台，每天晚上都收拾得干干净净，所有的椅子都靠墙，中间的桌子全部翻起来，地板用水充完后再擦几遍。在店长的严格管理下，美食山餐饮店以高工资、高效率、高管理著称。

事例中的美食山餐饮店之所以能够如此有序而又高效地进行着每日的经营活动，和它的店长严格落实执行总公司的规范和制度有着极其密切的关系。

店长是公司政策的执行者，是公司制度和规划的基层捍卫者。公司的政策、经营标准、管理规范、经营目标和任务的切实执行，还有人事制度、营销计划、价格政策，以及对门店日常工作的基本要求，都必须通过店长分配、执行和检查。

当然，对于一些规模比较大，内部建立有较为完善的部门的门店而言，公司的营销部门会针对门店的某些部门下达指令。不过一般而言，这样的指令也被要求必须通过店长，再落实到具体门店经营当中去。这是保证门店整体性的基本要求。

执行者角色要求店长对老板或企业所下达的政策、经营标准、管理规范、经营目标和任务等要求必须切实执行。店长不能偏离整个企业的大环境来自行管理店面。

案例　成也店长，败也店长

上海南虎集团在 2002 年的时候启动了便利店项目，当时还只有 8 家门店。到 2008 年 3 月底，南虎集团将资金由食品流通主业向便利店产业转移。同年 12 月，南虎集团旗下的便利店门店数量由当时的 62 家猛增至 130 多家。到 2010 年 12 月底，该集团的便利店总数已经突破了 620 多家，并且全部为直营店。

据南虎集团事业部总经理郭达成回忆，当南虎集团还只有60多家门店的时候，他们操作起来很是得心应手。因为那个时候，他们一年只开不到10家店，那时他们在店长的选拔和聘用考核上非常严格。一个普通员工，必须具备至少3年的在岗工作经验，才有资格报名店长的选拔考试和晋升。那时南虎集团的门店虽然少，可是他们的单店盈利水平非常高。平均每个店日营业额都在6000元以上，并且整个管理团队和门店员工都非常稳定。

2008年5月开始，便利店在该公司强大的资金和政策支持下快速启动了市场，几乎是以每个月15～20家的新店高速扩展。门店布局也从本地市场快速向周边的地、市、县、乡等扩张。这个时期，让南虎集团的领导人备感压力的是，门店的店长极度缺乏和新开门店店长的综合能力大大不如老店长。

更严重的是，他们发现在同样的地段开店，与竞争店相距不过10米的距离，店面规模一样，装修档次一样，可是营业额和毛利差距却非常大。竞争店一天营业额可以做3000～4000元，而南虎集团的便利店每天只能做到500～1000元。

在把公司所有的门店都巡视完毕，并查阅了公司所有的相关数据后，南虎集团的领导人郭总发现，他们的门店数量和规模是做起来了，可是整个的市场份额却在缩小，消费者满意度在降低，顾客每月投诉记录不断增加，毛利贡献在减少，成本费用却居高不下。

于是，郭总决定在开店的同时把重点放在修炼内功上面，好好地把所有门店都梳理一遍。他将620多家门店分为盈利门店、保本门店和亏损门店，并逐一分析归类，详细记录。最终发现有12家门店销售状况不正常，而这些门店有的位于地段很好的社区门口，有的位于竞争比较大的地段，还有的位于待开发的商业圈。

郭总决定带着公司两位总监，以及公司各部门经理驱车前往这 12 家销售不正常的门店。最后发现，这些门店其实都是很有潜力的，问题出在这些门店的店长身上。

于是，南虎集团便决定对整个公司的所有店长、储备店长进行再次考核，通过详细了解后，开始实行店长轮岗制。人事部门和营运部门根据店长的个性、能力的强弱，把门店分为守店和攻店，或者武店和文店，并根据各个门店的竞争程度和盈利状况、商圈属性等，将符合门店实际情况和商圈属性特征的店长一一对号入座，最后根据店长和门店的成长以及业绩增长情况安排对店长的培训。

南虎集团通过门店与店长的合理、科学匹配，把合适的门店交给合适的店长，充分发挥了每一位店长的潜能，激发了店长的斗志和激情。经过这次大规模的调整，南虎集团的便利店销售额得到了很大的提升。数据显示销售额环比增长了 20% 以上，同比也增长了 17%，毛利在同比和环比上也上升了 5 个点。

案例分析

新店需要店长，旧店升级、业绩毛利等潜力的挖掘和提升需要店长，公司的战略实现更需要店长。影响终端门店竞争力的因素很多，包括资金、技术、网点的多寡，商品的价格和质量等“硬件”，但更重要的还是“软件”——人的因素。即使门店的“硬件”再好，如果员工不好好干，那就很难取得好业绩。而其中作为门店管理者的店长，就显得非常重要了。可以说，谁能持续、快速并稳定地培训出一支优秀、专业且忠诚的店长团队，谁就拥有了终端门店的核心竞争力。

上海南虎集团零售产业群便利店就做得非常好。他们通过加强店长培训，激发店长潜力，提高店长工作能力，从而盘活全部终端门店，获得了很大的成功。

第 2 章

要管人，先管己
——金牌店长的职业素养

哪些能力决定店长的竞争力

店长的能力开发与提高是店长提升自身核心竞争力的根本，具体包括以下几点。

1. 经营管理能力

在工作过程中，店长要不断查找问题，防患于未然；要有计划地组织人力、物力、财力，合理调配时间，整合资源，提高效率；要正确整理、分析信息资料和数据，并在实践中运用，以扬长避短，查缺补漏；要加强管理，使门店整体运营更趋合理。经营管理能力是店长管理门店必须具备的基础能力之一。只有经营管理能力合格的店长，才具有一定的竞争实力。

2. 组织领导能力

作为一家门店的最高领导者，店长要组织管理全体员工，要对他们的工作表现、态度、情绪了如指掌，这就需要店长运用自身的威望与组织管理能力，对于表现好的员工，要加以鼓励；对于态度散漫不称职的员工，则要加以警戒，并了解其中的原因，从而提供协助。总之，店长的竞争力同样体现在他能否有效、合理地组织下级，调动店员的积极性，共同完成公司的既定目标。

3. 培训指导能力

对新员工进行培训指导是店长的职责所在，因而，店长的培训指导能力也是决定店长实际竞争力的一大方面。

店长的培训指导能力主要体现在：用已有的规范管理培育员工，传授可行的方法步骤和技能，使员工能够在其职、尽其责、胜其任；充分拓展员工的视野，做到人尽其才，提高业绩；查缺补漏，帮助员工尽快改正错误并培养他们迅速成长；能够正确地指导员工“前进”“停止”“该如此”等，这是让员工达成业绩的原点。

4. 专业知识与技能

专业知识与技能在个人的职业生涯中对专业能力的运用和个体的发展都扮演着极其重要的角色，它是衡量个人在本职工作上的竞争力的又一标准。

店长必须具备的专业知识与技能主要包括：商业技能、管理技能和人际沟通技能。商业技能主要有商品定位与管理、商品布局与陈列、库存控制、计划管理、促销管理、防损管理、盘点管理、现场调度与管理、价格管理、销售数据分析等。管理技能包括对门店日常事务的管理、员工的分配等。而作为公司、终端门店和顾客间联系的枢纽，店长的人际沟通技能主要体现在与公司领导人员的沟通、与门店店员的沟通以及与顾客之间的沟通。它要求店长要善于预见问题，主动沟通，在沟通过程中要兼顾对方的感受及问题核心，而且要善于利用沟通化解冲突。

5. 应变能力

店长的应变能力不仅包括对突发事件和意外争执的判断与处理，还包括对公司领导下达的指令进行权衡与取舍。

店长必须有因地制宜、灵活应变的权变能力，以应对复杂的竞争环境，而不是在竞争面前束手无策。权变有三大规则：权不舍本、权不损人、权不多用。即在权变的时候，不能够违反企业的基本原则和制度的指向；在行权过程中，不要为了一己之私有损他人和企业的利益；权变必须慎重而行，一旦大多数的行为都假以“权变”名义施行，那么这种权变势必演化成个人英雄主义，企业的标准、流程也就形同虚设。

当然，在遵循权变的三大原则的基础之上，店长可以充分发挥自身的应变能力。所谓“将在外，君命有所不受”，一线店长在一些具体的判断上最有发言权，在战术运用上也拥有绝对的经验。一旦上级越权管理，发出错误的指令，店长不仅要有清醒的认识，还要有据理力争的勇气，坚决不能盲目服从，更不应该阳奉阴违。

6. 自我提升能力

在现代社会的职业生活中，从业人员的知识老化周期与产品的生命周期相似，专业知识和技能也有一个生命周期。据有关资料显示，知识的更新周期在 3～5 年。如果一个店长不能及时更新自己的知识，不能对自己进行再教育，也不能很好地调整知识结构，那么，随着社会的进步，在许多有价值的知识和技能被淘汰的同时，因知识技能落后而导致的竞争力薄弱的店长，也终将被淘汰。

因而，自我提升能力同样决定了店长的竞争力，而且这种影响是深远的。店长必须不断提升自我的能力，加深对本行业的认识，加强对相关知识与技能的学习，以便武装自己，配合机构的发展。同时自我提升也是指导能力的前提条件，店长只有不断提升自我，才能有足够的知识储备与能力对员工进行培训和指导，才能更大限度地增强自身的竞争力。

7. 创新能力

现代门店的经营不能一成不变，即使是老字号的商铺也是如此，顾客会日久生厌，那么门店就必定会被淘汰。商店虽然受老板或总公司的限制很大，但仍然有让店长创新的余地。例如在货品的摆放上花心思，每隔一段时间便做局部的调整，设计一些新颖的招揽方式等，这些都是店长可以做的。

8. 信息收集能力

店长对有关商圈的动向，竞争店、顾客、商品的信息等进行收集，在持有广泛的信息资料的情况下，选择必要、有益的信息进行借鉴，适当调整自身的经营管理活动。

所谓“知彼知己，百战不殆”，店长收集信息、分析信息的能力越强，其自身的竞争力也就越大。

9. 诚信的职业道德，作为榜样和承担责任的能力

店长自身良好的品德和修养也是决定其自身竞争力的一大要素。具有良好的操守和高尚的道德，有凝聚力、向心力，遇事不推诿，勇于承担责任的店长，在店员中总能具有很高的威望，其言行自然会起到上行下效的作用。

管理道德不可或缺

道德是为了建立良好的社会伦理秩序而形成的行为规范。良好的道德品质比一百种智慧都更有价值。道德管理表明了一个组织在管理过程中遵循的基本价值和希望其成员遵守的行为准则是否符合道德的要求。

有些人说，按照市场经济的法则，门店经营的目的就是争取赢利最大化，至于其他非经济的问题并不重要。实际上，在市场经济条件下，管理道德不但不是可有可无的，而且还是门店经营所必需的伦理规范，是一个门店的精神财富和生命力所在。从更深层次的意义上来讲，店长的管理道德对门店的经营管理有着价值导向的作用，是门店创造财富和提高竞争力的源泉。店长是门店的领袖人物，是门店“上行下效”的对象，我们很难想象，一个道德败坏的店长能在门店管理中施展才华、让门店的业绩蒸蒸日上。

当然，管理道德涉及诸多方面的内容，单从道德本身而言，它要求店长必须具有忠诚、敬业、诚实、节俭、责任心等优良品德，并且要时刻关心集体、组织的发展，要以积极、热情、勤奋的态度与精神认真对待工作，竭尽所能地为组织的发展、生产与管理作出贡献。不过，就店长的管理职能而言，其管理道德大致涉及组织管理目标的道德、管理手段的道德、人事管理的道德以及财务管理的道德。

1. 组织管理目标的道德

任何管理都是组织的管理。但是，组织管理者的思想道德水平如何，又直接关系到管理水平的高低和管理目标的实现。店长作为门店的组织管理者，其自身的思想道德水平直接影响了他的管理水平，影响了他的管理目标的实现。因为店长在制定管理目标时，不仅要考虑管理目标的可行性，而且要考虑管理目标的道德性，这样才能使管理目标成为有效的目标。

店长的组织管理目标在于调动全体员工尽量以最小的耗损、最高的效率来实现销售的最大化，实现门店的盈利目标。在制定并不断实现这一组织管理目标的过程中，店长要掌好自己手中的舵，不能因为对门店盈利价值的过分追求而弱化了道德性，造成非法盈利。

2. 管理手段的道德

手段是为实现一定的目的或目标而采取的一定的途径、方法和策略的总和。任何组织管理目标的实现都要通过一定的手段，门店的经营管理也不例外。至于采取什么样的手段，达到什么样的效果，则取决于组织管理者，即门店店长对手段的选择。店长所选择的组织管理手段是否正当，是否符合道德标准，会直接影响门店管理目标的实现。

对于一些不正当的管理手段，诸如哄抬物价、进行虚假广告宣传、偷税漏税、走私贩私，或者在员工管理上有失偏颇，在员工犯错误时落井下石、过分责难等，都属于不道德的管理手段，店长必须坚决杜绝，并规范好自己的言行。

3. 人事管理的道德

所有门店的组织管理，都是通过人来执行其管理职能，通过人的活动来实施的。因此，如何管理好人、用好人，不仅要考虑人的知识、经验和能力，而且要考虑人的思想道德素质。对于店长而言，更是如此。店长需要领导管理全店的店员，其自身首先要具备最基本的思想道德素质。此外，在店员的选拔和任用过程中，更应该重视道德的要求，必须坚持德才兼备和知人善用的用人原则，反对“任人唯亲”“以权谋私”的做法，使门店的人事管理更加科学化、规范化和道德化。

4. 财务管理的道德

物资钱财是实现门店经营管理目标的物质基础。一家门店若没有物资钱财的组织根本不可能实现良好的经营和管理。但是，有了物资钱财的组织，也不一定就能实现有效的管理目标，因为店长作为门店的财物管理人员，其道德素质的高低与财物的道德风险成正比。如果店长连“君子爱财，取之有道”“非我之物勿用”等最起码的道德意识都没有，必然会利欲熏心、贪污挪用、化公为私，进而动摇或削弱门店组织管理的物质基础。

正所谓“惟贤惟德，能服于人”，一个人的道德品质不同，人们对他的尊重与信任的程度也就不一样，那么他的工作业绩与生命质量就会不同。优秀的道德品质是个人成功最重要的资本，是人最核心的竞争力。具有良好的管理道德的店长，总是会时常从内心爆发出自我积极的力量，并使之成为推动自我、激发员工不断前进的动力。

增强统帅气度，规范管理风格

商场如战场，一个门店的店长要想在商海中叱咤风云，在同行的激烈竞争中脱颖而出，仅靠自己是不行的。店长要懂得知人善任，要能容人，会用人，要培养一批忠贞又有才能的员工，在关键时刻，还要当机立断地做出决策，领导这些忠诚之士为门店的发展而努力。这就要求店长要有豁达大度、杀伐决断的统帅气度与能力。

有的店长不懂识人，用人往往是以“奴才”代替人才，甚至可能会被心术不正的店员所蒙蔽。店长若不能辨别人才，不能有效地挖掘每一个员工的特点，将其安置在适当的岗位上，那么，门店的规模再大，经营项目再好，也很难有所发展。

有的店长心胸狭隘，很难听取别人的意见，容不下犯过错误的人，更容不下反对自己的人，如周厉王堵住百姓言路一般，让店员们无法发表自己的意见和建议，这样的店长很难看到门店自身的弊端，也很难看到市场瞬息万变的商机。

有的店长犹豫不决，在遇到问题时没办法进行果断判断，无法迅速作出决定。店长是全体员工的领袖，员工通常都是在遇到自己觉得有些棘手的问题时才会寻求店长的帮助。若是此时店长犹豫不决，就无法给员工指明方向，员工就会更加迷茫。店长也是终端决策的执行者，模棱两可或犹豫不决往往会影响决策的最终有效执行。

天生拥有统帅气度的管理者并不多见，但我们仍然可以从那些成功的管理者身上习得一些优秀的管理风范。

美国惠普公司创建于 1939 年，在全球 500 家最大工业公司中曾排名第 81 位，现已成为世界上最大的科技企业之一。在惠普的发展过程中，惠普的领导者兼创办者之一的戴维·帕卡德与员工的一个事例一直为人们所津津乐道。

戴维·帕卡德按照惯例要到公司的生产一线进行工作考察，这天，他在一位工厂经理的陪同下巡视车间。在巡视过程中，戴维·帕卡德看到一位机械技工正在打磨一个塑料模具。出于好奇和视察工作的需要，戴维·帕卡德停下了脚步开始观察这位机械技工的工作。机械技工似乎没有注意到戴维·帕卡德和工厂经理的存在，仍旧在认真地打磨着塑料模具。他用了很长时间才磨光这个模具，正准备做最后的修整。这时，戴维·帕卡德不假思索地伸出手，用手指搓了搓那个模具。机械技工见状立刻说道："把你的手指头拿开，别碰我的模子！"

机械技工这一吼，倒是把戴维·帕卡德和工厂经理都吓了一跳。那位经理立马上前提醒他："你知道这个人是谁吗？"

机械技工当即反驳道："我管他是谁！这模子刚打磨得差不多，正要修整呢，他这一碰等会儿角度不好找，精准度就会欠缺。"

经理正要再次开口，却被戴维·帕卡德拦住了。戴维·帕卡德不但没有生气，还诚恳地向机械技工致歉，并告诉他，他能够对自己的工作尽心尽力，并以此为荣，这样做是对的。

性格决定命运，气度决定格局。戴维·帕卡德的气度让我们看到了一个统帅者的魅力。

识人要有慧眼，要透过表象看本质；容人要有气度，要不计私仇顾大局；用人要有胆魄，要用人不疑敢放权。

因而，作为一个优秀的店长，增强自身的统帅气度，规范自己的管理风格是很有必要的。可以从以下几个方面着手。

1. 对待员工要有弹性、能包容、胸襟开阔

“人非圣贤，孰能无过”。店长不能因为员工偶尔犯的一些错误而耿耿于怀，也不能拒绝承认自己犯下的错误。一位优秀的店长能够通过自己的工作作风影响店员的工作态度，而不是一味地生硬管理，唯我独尊，堵塞店员们的言路。

2. 要善于识人辨才

人各有不同，每一位店员的性格、能力等方面都有诸多差异，店长要正确看待员工的这些差异，在培训时做到因材施教，在平时也要根据每一位员工的特色来安排他们的工作，提高员工的工作效率与质量。

3. 工作要有效率、有魄力

在考虑经营策略的过程中要做到谨小慎微，但在需要作出决策时，就要当机立断。在处理日常经营中的突发事件时，店长要保持冷静的头脑，做到临危不乱、处变不惊，这样既能够有助于问题的解决，也能在下属面前树立自己的威信，展现个人魅力。另外，遇事相互推诿是领导者的大忌，店长应当以身作则，为员工树立起敢于担当的好榜样，注意团队意识的培养，营造和谐的门店经营氛围。

总而言之，一个优秀的店长应具有宽阔的胸襟、超人的智慧、准确的价值观、过人的远见和好奇心和当机立断的魄力。增强统帅气度，规范管理风格，要求店长必须对自己的行为负责，必须对群体负责，要敢于承担责任并善于处理问题。

要有危机和忧患意识

对于如何在激烈的商业竞争中求得生存，如何将自己的门店做强、做大、做优，很多经营者的第一反应就是抓质量、抓服务、抓管理，却忽略了“危机”。要知道“危机”是无处不在的，其不可预见性和破坏性是无法估量的。

19 世纪末，美国康奈尔大学做过一个著名的实验。经过精心策划安排，研究人员把一只青蛙冷不防丢进沸水锅里，这只反应灵敏的青蛙受到刺激后，在千钧一发之际，用尽全力，跃出那势必使它葬身的沸水锅，跳到锅外的地面，安然逃生。

隔了半小时，研究人员使用一个同样大小的铁锅，只是锅里放的不再是热水而是冷水。然后他们把那只死里逃生的青蛙放在锅里。看着这只青蛙在水里悠闲地游来游去，研究人员开始在锅底下用炭火慢慢加热。

青蛙毫无知觉，仍然在微温的水中畅快地游泳。等它开始意识到锅中的水温已经非常高，自己已经承受不住、必须奋力跳出才能活命时，一切为时已晚。它浑身乏力，动弹不得，只能呆呆地躺在水里，最后葬身在铁锅的沸水之中。

康奈尔大学的这个“温水煮青蛙”的实验告诉我们，强烈变化的环境通常能调动起机体的反应机制，缓慢变化的环境往往才是最危险的。

事实上，企业竞争环境的改变大多是渐热式的，如果管理者与员工丝毫没有意识到环境的变化，最后就只会像这只青蛙一样，在毫无察觉的情况下被煮熟、淘汰。

在市场竞争异常激烈的当今社会，不乏由强变弱、最终惨遭淘汰的门店。尽管这些门店最终倒闭的原因各不相同，但有一点却是共同的，即门店的经营者缺少一种忧患意识和危机意识。因而，保有危机意识，对店长而言，是必备的功课。

出色的店长，随时都要有一套防御对策，以应对门店经营过程中的各种突发情况。这些突发情况主要包括以下几点。

1. 意外失火

门店经营过程中总是需要各种电气设备，尤其是一些餐饮店，由于用电用火比较频繁，它们经常成为火灾的高发区。对此，门店的经营者必须重点做好灾前的防御工作，比如，确保电源输送线路的安全，及时整改和维修不合理的电线布局；定期检查安全设备，保证其完好有效，可随时使用；加强员工的安全教育和培训，使其学习和掌握基本的防火知识等。

当然，假如事情已经发生了，门店的经营者也不要惊慌失措。店长应该冷静地指挥店员做好顾客疏导工作，比如，及时拨打火警电话，请求专业支援；广播通知顾客火灾地点，优先疏导老弱妇孺；指挥顾客撤离现场，反方向走向安全通道；认真检查店内是否还有人，确认无人后将火灾区域的防火门关上；将顾客和员工疏散至安全地带，禁止顾客返回取物等。

总之，店长必须将消防安全工作真正落到实处，只有这样才能确保门店的安全，同时也能改善门店的消防安全环境，让顾客更放心地前来消费。

2. 遭遇盗窃

防盗不仅要解决“外患”问题，同时还要及时根除“内忧”。店长在日常的经营管理工作中应多加注意防盗问题，做好各项安全检查和维修工作。在遇到内部员工盗窃问题时，店长要注意做好调查和了解工作，对于恶意为之的店员，应当果断将其开除，当然，最主要的是要在平时处理好员工之间的关系，尽量减少员工间的薪资矛盾。

3. 遭遇抢劫

“天有不测风云，人有旦夕祸福。”门店在经营过程中有可能会遇到各种问题，因此，做好防抢劫工作对于门店经营者来说事关重大。只要防范得当，不给歹徒可乘之机，遭受抢劫的事件总是可以避免的。因此，在日常营业中，店长要教育好员工密切注意抢劫信号，比如长时间滞留店内的“顾客”、长时间逗留店外的闲散人员、着装怪异的进店人员等，要提高警惕，防患于未然，以避免不必要的经济损失。

4. 突发性打架斗殴事件

对于突发性打架斗殴事件，店长应当根据具体情况采取相应的对策。假如是员工内部的打架斗殴事件，店长应该及时制止，同时针对事件的原因和责任将参与打架的人送交有关部门处理。此外，事情处理完之后还要上报上级部门。假如是顾客在店内发生打架斗殴事件，这时候店内的工作人员应当及时疏导旁边的其他顾客，但要注意避免顾客趁乱逃单。若是因当时情况特殊而造成顾客未来得及埋单，那么店长应负责处理并申报。另外，在处理打架斗殴事件时还要及时拨打110报警，并保护好现场，将事件移交给警方处理。

总之，对于这类突发性事件，店长要不断完善和修正突发事件的处理预案，汲取每一次应对危机的经验和教训。

5. 顾客投诉

当一种商品无法完全满足顾客需要或与顾客的心理期待不一致时，就会让顾客在心里产生厌恶感，从而使他们很容易向服务提供方提出具体的意见或表达抱怨情绪。开门营业，需要面对的顾客各种各样，所谓“众口难调”，受到投诉也在所难免。因此，店长在面对顾客投诉时，不能束手无策，更不能置之不理。店长应该耐心倾听顾客的抱怨，站在顾客的立场上考虑问题；要深入了解投诉事件的基本信息，填写投诉记录表；等到投诉问题解决后，店长应亲赴顾客住处或者以致电、回复信函等方式对顾客进行访问并道歉。

6. 被媒体曝光不良事迹

对于这类突发危机，首先，店长应在第一时间内向领导汇报，并听取领导的指示；其次，店长应立即与当事人联系，代表公司向其表示诚挚的歉意，对顾客提出的意见及要求给出最积极的解决办法；再次，店长应专程登门拜访媒体负责人，恳请媒体能站在企业的角度看待问题，尽量避免给企业带来负面影响；最后，店长应告知员工此事件乃子虚乌有，是因为一些误会所致，避免引起内部工作人员的骚动。另外，店长平常与媒体保持良好关系，建立牢固的友谊也十分必要。

当然，经营和管理一家门店所要经历的危机和忧患远不只这些，应该包括对内的商品变化、业界变化，对外则是商圈生态改变等。目前的营业表现，即使再出色，也要预防各项突如其来的变化。尤其是在市场竞争激烈的情况下，不管是独立店或是连锁体系，其营业内容常常会根据市场的改变进行相应的调整。如果店长平常没有自备防御策略，安而忘危，缺少远虑，对面临的危险认识及准备不足，那就容易在危机产生时兵败如山倒，最终导致门店经营失败。

好店长也是一个演讲高手

正所谓，“一人之辨，重于九鼎之宝；三寸之舌，强于百万之师。”这即是说，一个口才好的人说出来的话，能够强于百万之师，拨动人们的心弦，影响人们的情绪，进而直接影响事件的走向及发展。

好的口才可以帮助人们流利地表达出自己的意图，也能够让自己把道理说清楚、话语动听，使别人乐意接受，甚至有的时候还可以立刻从问答中测定对方语言的意图，从对方的谈话中得到启示，了解对方，与对方良好地沟通。可见，好的口才必然是人际关系的润滑剂，能够帮助自己在社会交往中如鱼得水。

店长作为门店的领导者，在经营管理门店的过程中总少不了要参与到各种人际关系交往中。因此，店长要想成为一名优秀的领导者，首先应该将自己培养成一名演讲专家。因为一个不善于表达和演讲的人，是没有办法与其他人进行良好沟通的。若是店长因自身性格内向、不善言谈等原因而减少了与员工的交流和接触，那他就不可能清楚地了解自己员工的情况，从而无法有效地管理、领导他们，更不可能清楚地传达自己的管理理念与想法。所以一个好的领导，一个优秀的店长，一定是一个表达能力非常强的人。

当然，作为店长，其演讲能力除了表现在平时能够清晰、明确地下达命令、表达想法外，更应该表现在平时的用语之中。店长平时的语言表达不但要给员工留下好的印象，拉近与员工之间的距离，还要为员工树立一个良好的榜样。

因此，店长在语言上应该注意以下几点。

1. 不要以自我为中心

店长在语言表达上以自我为中心主要表现在两个方面，一是只顾自己的言语，不顾他人的感受。这样的店长往往很少关心到员工的真实想法，他们一味地沉浸在自己的表述当中，满足自己的表达欲望，因而往往会丧失自己在下属心目中的威信；二是固执己见，唯我独尊，总认为自己才是对的，别人都要听自己的。这样的店长往往急于把自己的意志观点强加于人，甚至在思考不成熟的情况下就下决断，如果判断失误不但会使业务受损，也会使自身形象受损。

2. 不要随意批评员工

教育和批评员工是店长管理工作中常常要面对的问题。每一个人都有犯错误的时候，因为这些错误，他们都有可能会受到批评。但批评不是解决问题的万能处方，因为人们所犯的错误具有多样性。比如，有的人犯的过错只是偶然的失误，而不会有重复性；有的人所犯的错误是因为第三方的影响；有的人有了过错能够自省并且立即改正等，当然，也有人可能确实是因为工作态度的问题而犯下了本可避免的错误。那么，面对形形色色的错误，对于店长来说，批评店员绝对不是一件可以随心所欲的事情，过度批评往往会产生“超限效应”，引起员工的逆反心理。

因而，批评员工时，店长应该注意把握三大原则：首先，不要捕风捉影地去批评。批评应当做到有理有据，不分青红皂白地去批评，非但不能起到教育人的作用，还可能在无形中伤害对方。其次，批评之后要鼓励。据调查显示，75% 以上的员工在被领导批评之后会产生自卑心理，其中又有 20% 左右的员工会因为自卑心理而影响工作质量。相反，如果领导能够在批评之后对员工进行一些心理安慰或鼓励，产生自卑心理的员工人数将下降 10% 左右，且被批评者中 90% 以上的员工会有所改进。因而，店长在对下属的错误进行批评之后，应当给予他们适当的鼓励，帮助他们恢复自信心。最后，学会运用幽默式批评。一般情况下，如果员工所犯的错误并不涉及原则性问题，店长大可不必歇斯底里地进行批评，好像不这样就不足以维护管理权威似的。其实，“响鼓何需重雷锤”，店长只要用幽默轻松的方式轻轻“敲打”，大部分员工便能领悟并且更容易接受。

3. 不要打断对方的讲话

倾听是一门艺术，店长应当学会多倾听员工以及顾客的心声。在员工讲话的过程中，不要急于打断对方，对于员工的某些不成熟的观点，也不要急于否定，在认真倾听的过程中也许你能发现员工思想中的一些闪光点；在与顾客交流的过程中，不要急于将自己的产品或者品牌推销出去，很多时候从顾客的言语中了解顾客的需求与想法反而更有利于提高销售业绩。

因此，不论是对下属还是对顾客，都尽量不要打断对方的讲话，因为那是一种没有教养的表现。

4. 不要反复查问相同的事情

店长要把握好查问事情的次数与方法，过于频繁地查问常常会令人反感。对于顾客而言，顾客可能会在内心产生某种疑惑或者感到厌烦，从而影响他们对门店的印象；对于员工而言，他们会认为店长的反复查问是一种不信任自己的表现，因而，他们的自尊很可能就会受到伤害，从而影响工作的动力与热情。

5. 空洞的支持和承诺

店长如果为员工提供行为上的或者物质上的一些实质性支持与承诺，就能够更好地树立自己在员工中的威信。而没有实际行动，只靠空洞的言辞支持或承诺员工，只会使自己慢慢失去威信。当员工不再信任店长，那么店长的经营管理工作就很难开展。

案例 “模范店长”的自我提升之路

赵女士是上海一家大型连锁超市的资深店长，现已过不惑之年。在追随这家公司成长的十几年中，她一直认为自己是一名成功的店长。这的确是事实，因为从经营业绩来看，赵女士所在的标准超市，尽管不断受到周围的大卖场和小便利店的挤压，但是在她出色的经营与管理之下，每个月的盈利也算不错，比起公司里的其他门店，虽然不能说是“这边风景独好”，但也算是公司里为数不多的佼佼者之一。

在市场经济不断发展的情况下，作为资深门店店长，赵女士感受到的压力自然不会小，特别是从2013年开始，越来越大的竞争压力让赵女士难以招架。因为在2013年以前，门店附近方圆两三公里范围内只有2家大卖场，但现在却已经有5家大卖场，而且大都是外资大卖场。这几家大卖场环绕周边，虎视眈眈，竞争力都非常强。赵女士所管理的这家超市，在与这几家实力强劲的对手竞争时，明显发现经营业绩有所下降。

在这种激烈竞争的形势下，公司总部开始了一系列的战略调整，比如推进品类管理，必备品的缺品管理，加强生鲜经营能力，提高配送的满足率，升级门店POS系统和管理信息系统，加强店长培训等。

在一系列的培训与实践中，赵女士对于店长这一角色定位的认识开始有了转变。她认为店长已经不能像过去一样只管不折不扣地执行总部制定的策略了，激烈的市场竞争要求店长也要像一名战地指挥员一样，根据战场上的具体情况，配合全局的情势因势利导。而要想做好指挥员的工作，店长就必须具备相当的经营分析和表达能力，这样才能够与上级顺畅地沟通交流，以谋求支持和配合，对下面也能够准确地把握每次市场竞争活动的进攻点，通过业绩的提升，让下属信服，从而更加有效地领导部下，以更强的竞争力去实现门店的经营目标。

但是对于如何做好经营分析工作，赵女士还确实难以把控。她每月除了看看分时段的销售、客流量以及客单价，做一些简单的同比和环比外，其他的似乎就分析不出来什么了，而且就连这些信息也都是通过门店管理信息系统直接获取的，赵女士自己不知道应该如何分析这些信息，因此她通常都只是将信息大致浏览一遍，并没有进行更深层次的了解与分析。

虽然与公司里的许多店长相比，赵女士算是比较有能力的，因为她基本上能够把几张报表关联起来去发现一些问题，然后通过这些问题的解决，引导门店经营管理水平逐渐提升。但是，就目前赵女士所面临的强大的竞争压力来说，她要想从这几家实力强大的大卖场手中夺回消费者，无异于虎口夺食了，这就要看谁、更会算，谁算得更准、算得更快，只有算得准、算得快，行动才有方向，取胜的把握才更大，否则就只能是左右摇摆瞎折腾了。

于是，赵女士下定决心要采取各种方法提升自己的经营分析能力和表达能力。她开始有针对性地接受相关知识与能力的培训，并在日常的经营管理中，不断总结经验，克服自身经营分析无逻辑、不深入、不聚焦、表达逻辑紊乱等的缺点。经过几个月的努力与探索，赵女士发现遵循经营分析七步法对自己很有帮助，即确定问题、识别问题的原因、设定解决方案的必要条件、集思广益、挑选一个解决方案、成本效益和风险分析、做出决策和行动计划。

目前，赵女士管理的超市在当地的几家大商场中依然保持着强劲的竞争实力，赵女士本人也被公司评以“模范店长”并备受赏识。

案例分析

通常情况下人们了解到的店长对门店的经营管理都是，依据分公司总经理布置的任务，然后区域经理稍做补充发挥，传达至店长，店长遵照执行，只是把其中难办的打个折扣。但像赵女士这样不仅能够很好地消化上级领导的意图，把这些意图与本门店需要提升的方向有机结合，借力打力，提升本门店的经营效果；而且还能够根据市场经济发展的需求，意识到自身的薄弱之处，并不断学习，提升自身的能力的做法，颇值得嘉奖。

店长是门店的经营者和管理者，对员工进行管理是其职责所在，但时代是不断进步的，它要求店长要不断提升自我，只有这样才有足够的能力去管理员工，在员工中树立威信。因而，要管人，先管己。店长应为员工树立良好的学习榜样。

第 3 章

品牌就是优势
——金牌店长的品牌意识

品牌定位策略

品牌定位的目的在于创造鲜明的品牌个性，塑造独特的品牌形象，从而满足消费者的需要。品牌之间若是缺少差异性，品牌的影响力就会减弱，其存在的价值也将大打折扣。要想实现成功的品牌定位，店长需要采取一些品牌定位策略。品牌定位策略是进行品牌定位点开发的策略，品牌定位点的开发是从经营者角度挖掘品牌产品特色的工作。与产品定位点不同，品牌定位点并不局限于产品本身，它可以高于产品定位点，也可以与产品定位点相一致。

常见的品牌定位策略主要包括以下几点。

1. 首席定位

首席定位即追求品牌成为本行业中领导者的市场定位。它抓住的是人们对“第一”印象最深刻的心理规律。据调查，一般消费者只能回想同类产品中的七个品牌，而名列第二的品牌，其销量往往只是名列第一的品牌的一半。因此，商家们往往通过“正宗的”“第一家”“市场占有率第一”等宣传口号来定位商品，这就是首席定位策略的运用。首席定位能使消费者在短时间内记住该品牌，并为以后的销售大开方便之门。

门店内的商品要想争取整个行业内的“第一”，就需要依靠那些规模巨大、实力雄厚的企业作为后盾，毕竟“第一”只有一个，实力不足的话很难运用首席定位策略。

但对于大多数门店而言，也可以换个角度，挖掘本店产品在某些有价值的属性方面的竞争优势，并取得第一的定位，比如，迪阿牌香皂是除臭香皂的第一。采用这种定位策略，能使品牌深深印在消费者的脑海中。

一般新产品采用首席定位策略更具有优势，品牌经营者要抓住这样的机会，趁着市场上还没有同类产品或者消费者还没有清醒地认识该产品时，积极主动地将产品最具优势的形象推到消费者面前，并告诉他们：我们是最好的，是你们所需要的。让产品以第一的形象在消费者脑海中树立起第一的印象。

2. 逆向定位

逆向定位即通过提出与竞争对手“非同类”的构想，在消费者心目中加强自身形象的定位。逆向定位作为差异化营销策略的一种，要想成功运用，关键在于把握一个平衡点，既要找到与众不同的切入点，又能迎合消费者的观念，即所谓“意料之外，情理之中”。

要说逆向定位的典范，自然非“七喜”莫属。

“七喜”推出时，“可口可乐”和“百事可乐”已经在人们心目中占有重要位置了。要想在饮料界这两大巨头面前分一杯羹，“七喜”自然得出不一样的招。经过调查，“七喜”领导者敏锐地发现了消费者心中对可乐中含有咖啡因而萌发的微小不安。利用消费者的这一心理，再加上研究人员对“两乐”以及“七喜”中的咖啡因含量的对比研究，“七喜”依靠着零咖啡因含量的优势，毫不犹豫地发动了无“咖啡因”战役，以“七喜非可乐”的广告语，确定了紧随“可口可乐”和“百事可乐”之后的饮料市场第三的位置。

当大多数品牌经营的定位都是以突出产品的优势来进行正向定位时，逆向定位利用了人们普遍存在的同情弱者和信任诚实的人的心理，反而能够获得意外的收获。

当然，成功的逆向定位也需要一定的条件，它要求竞争对手要有较高的知名度和声誉，这样才能引起消费者对自己的关注、同情和支持，以达到在市场竞争中占有一席之地的定位效果。

3. 比附定位

比附定位即通过与竞争品牌的比较来确定自身市场地位的一种策略。其定位点挖掘以竞争者为参考点，在其周边寻找突破口，同时又与竞争者相联系，借竞争者之势，来衬托自身的品牌形象。

在比附定位中，参照对象的选择是一个非常重要的问题，所选的竞争对象知名度、美誉度越高，尤其是当参照对象是市场领导者时，这种定位就越能突出相对弱小品牌的地位。在具体操作上，通常以肯定竞争品牌的地位来强调本品牌的特色。比如美国 Avis 汽车租赁公司，便是以“我们是第二，但我们更努力”的定位而大获成功，将行业排名第三的国民公司远远地甩在了后头。

品牌在走专业化之路或者走多元化之路的抉择中，有时可以另辟路径，通过比附定位，强调自身的努力，强调自身精益求精、集中精力做好一样产品的专业化特点，这样品牌定位成功的可能性也会相对大一些。

4. 空当定位

空当定位即寻找为许多消费者所重视的，但尚未被开发的市场空间。某一经营商的产品在市场上的绝对垄断现象在市场运转正常的情况下是不可能出现的。市场中机会无限，谁善于寻找和发现市场空当，谁就有可能成为后起之秀。

寻找和发现市场机会是品牌经营成功的必要条件，而空当定位策略正是捕捉市场机会的有力武器。空当定位一般包括以下几种。

（1）时间空当

“反季节销售”是利用时间空当的典型例子。一种情况是，它往往会给顾客一种产品更加便宜实用的感觉，从而促使顾客购买；另一种情况是，有些产品的销售讲究季节性，比如空调、冰激凌等，夏季是它们畅销的季节，但人们往往都有一种求异心理，因而如果有商家利用时间空当，在淡季进行品牌宣传，有时候也能取得出其不意的效果。

（2）使用量上的空当

使用量上的空当可以通过产品包装来实现。每个人的消费习惯不同，对产品量的需求也不一样，对同一产品采用多种不同的量型包装，利用使用量上的空当，有时能取得意想不到的效果。比如沐浴露，从2mL的旅行专用小包装到200mL，甚至是500mL的家庭装，它满足了不同消费者的需要，增加了销售量。

（3）年龄空当

年龄是人口细分的一个重要变量，品牌经营者应当重视各个年龄层的需求，寻找同类产品忽视的年龄段，有针对性地进行品牌定位。在年龄空当的运用上，圣达算是失败中的典型案例。

圣达牌“中华鳖精”是一种有益于中老年人的保健品，按照当时的市场情况，如果圣达牌“中华鳖精”能专心地在中老年人心目中树立起品牌形象，它便能收到良好的效果。但遗憾的是，圣达错误地把自己的目标市场定位在了儿童这个消费群，并与当时实力强大的“娃哈哈”相对抗，这使它失去了成为市场“老大”的机会。

（4）性别空当

现如今，性别角色的区分在许多行业已不再那么严格，虽然对于某些产品来说，奠定一种性别形象有利于稳定顾客群。比如服装、高跟鞋、领带等产品，因产品的性质不同，其消费群亦截然不同。但有时品牌经营者如果改变诉求对象，强调该品牌对异性的吸引力，反而能够取得更好的市场效益，这便是利用了性别空当定位的策略。

5. 对比定位

对比定位即通过与竞争品牌的客观比较，来确定自己的市场地位的一种定位策略。在市场经济发达的国家和地区，产品、品牌的数量令人眼花缭乱。品牌经营者要想让自己的品牌在消费者心目中占有一席之地，其中一个方法就是设法改变竞争者品牌在消费者心目中既有的形象，通过对比，来实现自身品牌的良好定位。比如蒙牛乳业集团就采用了这种定位方法。

蒙牛发展初期，实力相对很弱，和伊利有很大差距。为了打响自己的品牌，蒙牛打出了“向伊利学习”“做内蒙古第二品牌”的广告语。这样一来，利用伊利无形中提高了蒙牛的知名度，同时也显示出了蒙牛谦虚的学习态度，让人们尊敬和信赖，从而获得了良好的口碑。这种一箭双雕的对比定位策略，使得蒙牛的品牌知名度大幅提升。

6. 高级俱乐部定位

当门店的品牌不能在行业内或产品的独特价值属性上实现首席定位时，品牌经营者可以将自己和某一名牌划归到同一范围，强调自己是隶属于某声誉良好的小集团的成员之一，通过集团以及其他名牌的声誉来提高自身品牌的身价。比如美国克莱斯勒汽车公司，它宣称自己是美国“三大汽车公司之一”，以这种高级俱乐部定位的方式，使消费者感到克莱斯勒和美国第一、第二汽车公司一样，也是知名轿车。

门店取名应注意的原则

任何门店的店名都不仅仅是一个代号，好的店名可以是门店的招牌，可以蕴含门店的经营理念和文化，可以增强门店的感染力和吸引力，为门店带来更多的财源。既然店名如此重要，在给门店取名时应遵循哪些原则呢？

1. 概括性原则

门店的招牌应该要具有高度概括力与强烈吸引力，可以刺激消费者的视觉，勾起他们的消费欲望。一个好的店名不仅能给人以美的享受，还能扩大销售，起到第一推销员的作用。

当然，商业用名还得遵循商业原则，要根据自身商业项目、商品、消费对象等情况来取名。

2. 通俗性原则

一定要明白门店所面对的是大众消费群体，在命名时不要咬文嚼字，要通俗易懂，朗朗上口，切忌使用繁体字或者大部分人都不认识的生僻字，不然门店名称不易辨认，会影响门店在口碑方面的传播，达不到口口相传的宣传效果。

因而，取店名时要注意店名一定要响亮、上口、容易记忆，语言一定要通畅且含有韵味，最好能与顾客产生共鸣，只有容易被顾客记住的店名，才能广泛传播。

3. 与风土人情相适应原则

中国地域广大，各地的风土人情皆不相同，门店取名时最好充分考虑当地的历史地理、风俗习惯等因素。不然，店名如果违背了风俗或者犯了历史禁忌，不仅不能带来效益，反而会产生极大的负面影响。

4. 避免雷同原则

有的店主也许因为自身文化水平有限，或者懒得去琢磨，就模仿别人的门店取名，这样做的结果是大街上店名雷同的门店很多，让顾客分不清楚彼此的区别，也就不容易建立目标顾客。因此，店名一定要引起顾客足够的注意力，但也一定要有自己独特的个性与内涵，容易与别的门店相区别。

5. 创新原则

不落俗套的新颖店名才能迅速抓住消费者的眼球，勾起消费者的兴趣，吸引他们光顾。

6. 易于注册和保护原则

以下两点是店名是否能受到法律保护的关键。

（1）该店名是否侵权

门店经营者在取店名的时候一定要通过有关部门查询自己想要取的店名是否已被注册。如果有相同店名，则经营者必须考虑重新命名，不然后果很严重。比如以前，有一个叫“汉泉热情”的香水连锁店，这种香水卖得非常好，眼看着连锁专卖店越来越多，已经发展到第 66 家了，结果突然就停卖了。为什么呢？原来这家香水企业的竞争者的产品叫“火红热情”，最重要的是他们申请了热情香水的商标注册，“火红热情”香水厂家向法院起诉，“汉泉热情”连锁店不得不停止销售，重新命名。原来的广告效益和积累起的目标顾客也都化为零，有的甚至跑向了“火红热情”厂家那边，这真是为别人做了嫁衣。

（2）店名是否被允许注册

门店经营者在取名的时候一定要明白不是所有不构成侵权行为的店名都可以注册，都可以得到法律的有效保护。所以，经营者在取名时应该向有关部门或专家咨询，欲取店名是否属于《商标法》许可注册的范围，如果不属于，最好重新构思。

7. 提升品位原则

店名体现了店主的文化素质以及经营理念，它是一座城市的文明标志。因为街市上各类商店本身就是一座城市的“店名”，因此取一个有品位的店名不仅能增强门店的吸引力，也是在弘扬城市文化。

（1）起个“洋为中用”的店名

“洋为中用”可以给顾客带来新奇感，因为大部分消费者都有猎奇心理，洋为中用的店名，不仅显得门店有品位，更能勾起顾客想对门店一探究竟的兴趣。

（2）起个底蕴丰富的店名

文化最能彰显品位，因此在给服装店命名时，如果在照顾到门店的特色时还能注入特定的文化成分，使门店看起来底蕴丰富，具有文化内涵，这样不仅提高了门店的档次和品位，也能吸引更多高端顾客的注意。

（3）引经据典声名远扬

取一个有品位的店名有一定的技巧，比如借用典故给商铺命名。中国古代的诗词典故本身就具有很深的文化底蕴，而且读起来朗朗上口，好记且能使人产生丰富的联想，是取一个具有品位的店名的最好素材。店名雅致，知识分子和上层人物就会对此感兴趣，而一旦这部分人认同了门店，以他们的宣传力，就可以将门店的声名传播四方。时下以这种方式命名并且因此而获利的门店有很多。

8. 保证信誉原则

无论如何，门店的信誉才是顾客最关心的，因此取店名时最好要符合实际，实事求是才是做生意的根本。那么如何才能把店名取得实事求是呢？

（1）名副其实，名正言顺

商店命名只有名副其实，才算是做到了实事求是。顾客买了门店的商品之后，不会产生失望的情绪，应该觉得商品本来就该是这样的，是与店名相符合的，这样才能让人放心并且进行下一次购买。

中国有句老话："名不正则言不顺，言不顺则行不果。"意思是名不正言不顺，做事就不会有好的结果，这话放在商场也同样适用，一旦"行不果"，商家当然也就赚不到钱了。所以，名正言顺是一个好店名的必备特征。名副其实、名正言顺，也体现了商家的信誉和诚实度。

（2）名实相合，切忌浮夸

店名需要顾客口口相传，所以得按照传播学的要求来起，一般来说不应该太复杂，比如有的商店就喜欢采用重叠字或生僻字，顾客看了半天也不认识，更读不出音来，对于这样的门店自然不会轻易进去。店名应明白简洁，易于传播，如"对又来""三分利"等，这样的门店常常会因为名字的简单易懂而吸引一部分顾客。

总之，好的店名可以起到吸引消费者、促进销售和盈利的作用。所以，若想开一家门店，经营者必须遵循一定的原则，在准备阶段想一个符合自己需求并且最能传达门店理念和文化的好店名。

品牌产品的销售推广

品牌越来越成为“滋润”门店存活的生命之泉，品牌是无形的，但其价值又是不可估量的，比如可口可乐、宝洁等，这些品牌除了本身的价值以外，对行业新品牌的推广发展也有着榜样意义。品牌产品推广是品牌树立、维护过程中的重要环节。品牌创意需要强有力的推广执行才能彰显其价值。

1. 品牌推广传播的方式

品牌推广传播的方式多种多样，主要有新产品上市发布会、展会、公关活动、媒体宣传等。

（1）新品上市发布会

新品上市发布会是适合大部分产品上市做的推广活动。门店经营者可以根据自身的门店规模、推广预算等，举行相应规模的发布会。发布会要做好场地选择、内容设计、新闻稿件内容规划等方面的设计。如果规模大一点，还可以考虑邀请一些权威名人、相关媒体等，这样更能达到发布会的目的。

（2）展会

展会是一种直接展销的方式，它是比较好的营销模式。要想凸显品牌的特点，展会的设计非常重要。展会的装饰设计要以适合自身品牌定位特点为基准，要突出专业、大气、简洁实用的特点。根据展示定位的不同，比如展示品牌形象、展示品牌产品技术或者展示品牌种类实力等，展会在展示设计和摆放上也要有所侧重，应讲究贴近专业和人性化，便于参观展览讲解和谈判、留言。

（3）公关活动

行业峰会、论坛、交流会、公益活动、新产品推广会等都属于公关活动。公关活动对于树立品牌和营销品牌起到关键性的作用，近年来，它逐渐成为很多最为常见的传播营销方式。

（4）媒体宣传

网络媒体、电视媒体、报纸杂志、新媒体手机等都可以进行媒体宣传，但不同的媒体所覆盖的消费群体是不一样的，因而进行媒体宣传时要先细分媒体所覆盖的消费群体，进行精准媒体覆盖，增强传播的有效性和传播力度。另外，还要根据门店的传播预算制定选择精准的媒体传播渠道，实现产品品牌传播目标。

2. 品牌推广的误区

无数成功或失败的品牌推广案例告诉我们，品牌推广并不是一件容易的事情，它更像是一段坚忍不拔的旅程。在品牌产品销售推广的过程中，品牌经营者常常会陷入一些误区。主要有以下几个方面。

（1）盲目跟风随潮

人都容易犯妒羡他人的毛病，品牌经营者也一样。在看到同行业的经营者走多品牌路线并取得成功的时候，他们往往会觉得不就是多经营几个品牌，自己也可以做到。于是一哄而上，但最后却落得消化不良，甚至导致门店倒闭的局面。

（2）随波逐流

品牌经营者在不知道品牌自身的优势在哪儿、找不到品牌的核心竞争力及差异化竞争手段和竞争思路的时候，往往容易人云亦云，毫无针对性地随大溜进行品牌销售推广，致使品牌、产品、市场等毫无个性可言，最终品牌只能在市场中惨遭淘汰。

（3）盲目猛打广告

将一系列千篇一律、毫无新意的广告铺天盖地砸到消费者面前，总以为只要猛打广告，就能快速创建品牌、推广品牌，殊不知，这样无休止的广告轰炸，不仅容易引起消费者的厌恶感，而且浪费了大量的广告资源。

（4）缺乏专业管理团队

在品牌产品销售推广过程中缺乏真正意义上的管理层和决策层团队，往往容易造成管理的随意性，使品牌盲目地参与到各种广告战、价格战之中。这种因基础不扎实而建造起来的品牌豆腐渣工程，最终只能以失败告终。

总之，品牌产品推广与销售并不是一件容易的事情，品牌经营者应当脚踏实地，通过认真的调研分析，采取正确的推广方式来建立健康、生命力顽强的品牌。

品牌危机管理

品牌危机管理是指由于经营者管理不善、同行竞争，甚至恶意破坏或外界特殊事件的影响，使品牌陷入危机时，经营管理者所采取的一系列针对性的品牌救护行动，包括消除影响、恢复形象等。

长久以来，品牌危机事件接连不断，即便是光明、宝洁、康师傅这样的大企业都无法避免地要面对各种品牌危机。因而，门店经营者应时刻做好应对品牌危机的准备。

品牌危机具有突发性、蔓延性、破坏性、被动性等特征，这大大增加了危机处理的难度。危机事件一般说来都是对顾客的侵害事件，若是处理不及时或者是处理不当，其破坏性会不断增强，甚至有可能带来灾难性后果。所以，强化危机意识，注意预防危机，适当处理危机，乃至化危机为商机对品牌经营者而言是至关重要的。

1. 危机预防

古人云："思其所以危，则安矣；思其所以乱，则治矣；思其所以亡，则存矣。""居安思危"的思想既是治国之道，也是品牌经营者经营管理品牌之道。

品牌危机的突发性决定了其不可预见性，我们无法预见品牌危机在何时何地会发生，但我们知道它将来很可能会发生。这就好像有了汽车人们就该想到会有交通事故的发生一样，门店经营者也应该想到各种可能损害门店品牌的不利因素，并做好相应的预防措施。

（1）组建危机管理小组

危机管理小组应由门店内具有较高专业素养和较高领导职位的人士组成。小组的职责在于制定危机应对方略，审核品牌危机险情，及时遏制品牌危机，减少危机对品牌乃至整个门店的危害。

（2）建立监测系统

建立高度灵敏、准确的信息监测系统，可以帮助品牌经营者及时收集相关信息，快速分析、研究和处理相关信息，全面清晰地预测各种品牌危机情况，尽可能在品牌危机征兆出现的时候，就制订出品牌危机应对方案，尽量将品牌危机扼杀在摇篮之中。

（3）建立品牌自我诊断制度

对自我品牌进行全方位的检查、剖析和评价，找出品牌的薄弱环节，及时纠正、完善，从品牌自身减少乃至消除发生品牌危机的诱因。

（4）开展危机管理教育

品牌经营者要定期对员工进行危机管理的教育与培训，增强全体员工品牌危机意识和技能，提高员工的心理承受能力和应变能力，以便沉稳地应对可能发生的品牌危机。

2. 快速反应

危机的发展一般会按酝酿期、爆发期、扩散期和消退期的规律来进行。与这一规律相对应，危机的破坏性也会随着时间的推移而呈现非线性爆炸式增长。另外，品牌危机本身的突发性和蔓延性也要求品牌经营者要尽早发现危机并迅速作出反应，控制并妥善解决品牌危机。

门店品牌危机管理的快速反应原则包含两个方面：首先，门店内部，无论是店长还是员工，都应当对子危机事件保持高度警觉，要做到早发现、早通报；其次，店内员工之间不得推诿扯皮，不得贻误战机，一切以速度第一为原则。

对危机做出快速反应，及早向外界发布消息，第一时间与利益相关者进行沟通，这既体现出门店对危机事件的快速反应姿态，又可以平息因信息不透明而产生的虚假谣言，还能减少外部压力对危机处理的牵绊。

危机处理的快速反应，最重要的是要明确危机的原因及危害程度，掌握准确、有效的信息，及时做出明确诊断，这样才能对外界做出良好的回应，取得外界的信任。

3. 坦承真相

态度决定一切，小胜靠智，大胜靠德，无论怎样，德行始终是不可或缺并一直被强调着的。对于品牌危机的产生，门店自身、消费者、公众媒体等都想要问个为什么，这是个敏感问题，品牌经营者往往会避而不谈，但这种掩耳盗铃的方式是错误的，它只会伤害公众的感情，致使公众以更加刻薄的态度去看待门店的一言一行。所以，对品牌危机的辩解和分析一定要注意方式和方法。在出现危机事件后，负责人的态度是最重要的，既不能盲目道歉，以卑微的姿态一味忍让，也不能蛮横无理，盲目辩解。

坦诚相告，让真相大白往往更容易被原谅。如果调查过后发现危机的产生确实是由于自己的责任，那么负责人就应当勇于向社会承认，并给出认真解决的态度及有效的解决措施；如果是由于别人故意陷害而导致危机，则应通过各种手段使真相大白。最好的坦承方式是随时向媒体说明事态的发展情况，澄清无事实根据的流言蜚语，这样可以稳住消费者的心，让关心门店发展的人消除顾虑，重新树立对门店品牌的信心，赢得更多的口碑。

4. 借力媒体

危机信息的传播渠道主要包括互联网、广播电视、报纸杂志、口口相传等，它们可以被划分为两大类，即大众传播媒介和人际传播。人际传播一般无法控制，但大众传播媒介完全可以通过公关活动施加影响。

门店危机处理除了要采取调查、诊断、赔偿等具体措施，还要懂得利用媒体传播来化解危机。危机的出现和处理，媒体传播在其中起着很大的作用。在危机出现时，媒介、人员、组织的传播使得危机信息不断扩散。在危机信息扩散的过程中，不仅信息传播渠道多样化，连信息的内容也被复杂化了。另外，在危机原因的进一步调查中，会有大量的信息"真空"，媒体、公众需要从各种渠道来填补这种"真空"，因而很容易出现各种谣言。所以，品牌经营者在危机处理时，一定要立足于品牌的利益，借力媒体向外发布正确的危机信息，包括危及原因、危机结果、处理方案、预防措施等，通过媒体掌握危机信息发布、危机处理的主动性。

案例 从"龙井红"到"钱塘梅红"的品牌之路

中国茶叶市场向来面临着激烈的市场竞争。在这样的竞争环境下，著名的杭州正浩茶叶集团有限公司独辟蹊径，将龙井经过发酵工艺制成红茶，研发出了"龙井红"这一新的茶叶品种。为了进行新品种的品牌销售推广，正浩邀请了势达创意营销公司的创意营销总监潘晓冬先生对"龙井红"进行品牌包装与推广。

潘先生在了解了"龙井红"的情况之后，发现"龙井红"存在诸多问题。

首先是产品命名不恰当。品牌名称，不只是一个简单的记号，它对强化品牌定位、提高品牌的市场竞争力具有十分重要的意义。"龙井红"这个名字容易让人摸不着头脑，因为龙井向来是高档绿茶的代表，而在其后加了个"红"字，总给人一种“红绿不分”的感觉。另外，“龙井红”三个字也缺乏韵味，不能够贴切地表现出茶叶的底蕴。因此，潘先生在经过深入了解“龙井红”的由来和特点，认真研究了目前市场上主要茶叶名称的特点后，组织创意小组人员召开了多次小组讨论会，并成功地与正浩公司负责人进行洽谈之后，终于把名字敲定为“钱塘梅红”。“钱塘”源自杭州城的故名，而“梅”字代表了此款茶叶诞生自钱塘江畔的梅家坞，另外，它也与茶汤本身的梅红色相映照。“钱塘梅红”，细细品茗，总有一种山间赏梅般的优雅恬静。

其次是产品的目标消费者不明确。“钱塘梅红”作为一种全新的茶叶品种，要想让这一品牌走向市场，参与竞争，首先要弄清目标消费者是谁。对此，潘先生提出了将产品细分的办法，利用新茶的优势抓住更广阔的受众。在经过深入调查研究之后，潘先生决定采用价格策略，将“钱塘梅红”进行划分。以流传中代表龙井茶四个核心产地，即狮峰、梅家坞、云栖、虎跑的狮、梅、云、虎作为产品的分级名，这种分级方式使得“钱塘梅红”拥有了深厚的历史底蕴。

再次是产品的形象设计问题。好茶也要穿好衣。潘先生和他的创意团队在经过几十次的不断自我否决之后，终于让“钱塘梅红”的商标设计浮出水面。商标整体采用一片茶叶的形状，茶叶内部是西湖断桥倒映水中的形象，还有一只灵动的飞鸟。这样的商标设计不仅表现出了品茶的意境和茶叶的渊源，也在辨识性和实用性方面，给了“钱塘梅红”巨大的优势，那只灵动的飞鸟更是让整个商标充满了张力和协调的美感。

除了商标设计外，潘先生还在“钱塘梅红”的包装设计上下足了功夫。为了体现“钱塘梅红”的包容性与历史感，潘先生和他的团队决定大胆地将西式铁罐与中国传统文化工艺相结合，分别为狮红、梅红、云红、虎红打造新衣。四款不同的包装让消费者品味好茶的同时，也获得了视觉上的享受。

最后是关于产品的推广问题。考虑到“钱塘梅红”刚刚上市，并且分为四个品牌，潘先生建议正浩公司对不同的品牌依据其自身特点采用不同的营销方式。比如云红、虎红，它们被定位为中端产品，采用网络营销与口碑营销相结合的方式比较适宜。而狮红、梅红的价格较高，受众更加小众化，因此让这两个品牌走高端定制礼品之路，采用精确营销的方式，不仅能够节省一部分广告费用，还能让它们更亲密地接触到受众，进行深度营销。

在使用了新的名称、新的形象包装和营销策略之后，短短的一个月，“钱塘梅红”就迅速走红，赢得了无数消费者的好评。如今，“钱塘梅红”已成长为正浩茶叶有限公司的一个支柱品牌。

案例分析

著名品牌营销专家翁向东曾经说过：“品牌营销的关键点在于为品牌找到一个具有差异化个性、能够深刻感染消费者内心的品牌核心价值，它让消费者明确、清晰地识别并记住品牌的利益点与个性，是驱动消费者认同、喜欢乃至爱上一个品牌的主要力量。”

“钱塘梅红”的品牌营销与推广之所以能够取得如此大的成功，原因就在于品牌策划推广人员紧紧抓住了“钱塘梅红”的特色，在它的名称、包装上结合茶叶本身韵味，赋予了其浓厚的历史感；在它的目标受众上，按照分级不同，明确了各个级别的目标消费者；在它的推广方式上，也采用了不同的营销方式，有针对性地进行推广。

“钱塘梅红”从一个新产品发展成为正浩茶业有限公司的支柱品牌，为正浩带来了极大的收益。可见，品牌的树立和发展对于门店的发展而言，是一种明显的优势。

第 4 章

维护战略联盟
——金牌店长的战略管理

为什么要建立战略联盟

战略联盟是指由两个或两个以上有共同战略利益和对等经营实力的经营体、特定事业或职能部门，为实现某种共同目标而达成的长期合作。战略联盟的独特之处在于，在增强联盟总体核心竞争力的同时，并不削弱每个联盟个体的原有核心竞争力。战略联盟可以在保持双方核心竞争力相对独立的基础上，实现联盟个体之间的优势互补、资源共享，以达到双赢的目的。

门店之间战略联盟的出现绝不是偶然的，它是世界经济一体化、科学技术飞速进步、时代快速发展的产物。

相对于规模较大或实力雄厚的品牌门店而言，小型门店在资金、技术设备和人才等方面都处于劣势，在现代市场经济条件下，它们面临的竞争环境更加残酷。战略联盟作为新型的商业联合模式，无论是从适应能力方面，还是从市场渗透能力方面来看，它都具有强大的优势，因而，对实力较为不足的门店来说，战略联盟尤为重要。这主要体现在以下八个方面。

1. 有利于开拓市场

如果把开拓市场看作是切蛋糕，那么，门店之间联手合作来做蛋糕，可能蛋糕会做得更大，大家分得也更多。在市场竞争日趋激烈的今天，一个门店要想在市场中占有一席之地，仅依靠自身的力量远远不够，只有寻求联盟对象，互相学习，利用对方销售网络的优势，才能不断开发新的市场。

2. 有利于扩大经营规模

随着市场的不断发展，门店与门店、门店与顾客、门店与供应商等相关群体之间的相互作用和相互影响日益密切，传统势不两立的竞争观念已不合时代要求，门店仅靠“单打独斗”难成气候，因而，人们越来越希望通过合作获得新的生机和活力，寻求更高层次的竞争。战略联盟使原先孤立经营的门店不再只是依靠单一的批量商品或规模经营来进行，它有利于门店不断丰富经营产品，扩大经营规模。

3. 有利于实现优势互补

门店在经营过程中都会形成一些独特资源，比如管理能力、技术创新能力等，这些是门店自身所具有的优势，门店之间如果构建联盟，就可以把各自分散的优势组合起来，形成综合优势，也就可以在各方面、各部分互相取长补短，实现互补效应。

4. 有利于实现战略多样性

门店所拥有的资源决定了门店所能够从事的经营活动的范围。而资源和战略之间又存在着依赖性，门店在当前所拥有的资源和战略选择，会间接影响到它在未来的战略。

随着市场环境不断复杂化以及技术创新的速度不断加快，门店更需要通过战略多样性的方式来求得生存。因而，与拥有不同技术或分处不同行业的门店结成联盟不失为一个好办法，它有助于门店实现业务组合和战略的多样性，从而有效地抵御外部环境中不可预测的风险。

5. 有利于促进创新

门店的发展离不开技术创新、管理创新和市场创新。创新永远是门店经营管理的生命活泉，是门店获得超额利润的源泉。独特的、具有划时代意义的新产品、新技术，往往能创造出新需求、打造出新市场。但门店仅靠自身的能力来搞创新，无疑具有很大的局限性，创新绝大部分情况下并非门店内部就能独立完成的，门店间的相互合作、相互交流，往往更有利于双方发挥各自的优势，实现突破，取得创新。因而，门店的创新发展需要联盟。

6. 有利于获取技术和人才资源

科学技术是第一生产力，人才是生产经营的关键。在当今科学技术迅猛发展的情况下，技术的学习和创新、人才的获得与培养对于门店经营管理而言十分重要。门店通过战略联盟，不仅可以减少研发新技术的投资，而且还可以相互交流信息，互相传递经营管理技术。另外，实施战略联盟对于人才资源的整合利用，加强人才交流十分有益。

7. 有利于减少风险

同合作伙伴共同分担风险、产品组合多元化、更快进入市场和获取收益、减少投资成本等都是门店实施战略联盟可以采取的减少经营风险的方法。

8. 有利于防止过度竞争

随着市场的不断饱和，市场竞争的白热化，门店之间在一番激烈的价格战之后，往往落得两败俱伤的局面。建立战略联盟就是让它们主动与竞争对手合作，化敌为友，取得双赢。

怎样建立战略联盟

联盟对门店经营而言具有战略意义，那么，门店经营者应该怎样构建有效的战略联盟呢?

1. 战略分析和决策

联盟不是随便建立的，在建立联盟之前，门店应当从以下几个方面做好战略分析和决策。

①门店之间建立联盟是为了实现门店的经营目标所采取的策略。门店在寻求联盟对象时，应考虑到战略联盟的目标是否可以基于门店的战略目标来制定，这样才能使战略联盟有助于推动门店原有目标的实现。

②联盟门店之间所拥有的资源应当具有互补或相似性，能够

给门店联盟创造协同效应，因此，门店建立战略联盟必须寻求能够相互贡献特殊力量和互补性或相似资源的伙伴。

③经营者应清楚联盟建立所需要的时间。战略联盟的构建从计划、谈判到最终建立需要花费一定的时间，所以经营者对战略联盟实现所跨越的时间必须事先有所准备。

2. 寻找与选择合作伙伴

做好了战略分析和准备工作之后，经营者就要开始寻求志同道合的合作伙伴。寻求合作伙伴应注意以下几点。

（1）互补贡献

战略联盟的建立是为了加强门店的实力，弥补门店的经营不足之处，因此门店所寻求的联盟伙伴同其自身应当能够互补资源，创造协同效应。

（2）合作伙伴具有一定的地位

在建立战略联盟的领域里，具有优势地位的联盟伙伴能改善门店的资源、经营技术状况等，从而提高门店的竞争地位。因而，门店所寻求的合作伙伴最好是在联盟的领域里比较出色的。

（3）一致的价值观与信念

选择联盟伙伴时必须考虑联盟者之间的价值观与信念的相似性，这有助于提高联盟门店间的默契与共识，减少不必要的沟通成本。

（4）建立信任机制

信任是选择联盟合作伙伴的关键因素。联盟关系建立在联盟者彼此信任的基础上能够降低控制的成本，提高联盟的效益，因此信任机制有助于联盟的成功。

3. 设计联盟关系

确定了联盟对象后，战略联盟双方或多方之间应当要规定彼此的联盟关系，确定彼此在联盟里所充当的角色、所承担的责任和义务等。

（1）明确界定权利与义务

战略联盟成功与否有时直接取决于联盟者之间是否对它们的权利与义务关系进行了明确界定。在联盟关系设计阶段，明确界定联盟者的权利与义务关系，能够减少日后由于行为的不确定性而产生争端的成本。

（2）承诺彼此信任

机会主义行为对战略联盟的稳定和发展将会产生极大的危害，它需要联盟者为其付出昂贵的防卫成本。因而，在联盟关系设定阶段，联盟者应当事先承诺彼此信任，避免机会主义行为。

（3）均等互惠与贡献

不均等的联盟权利结构会导致战略联盟的不稳定性，因此，联盟者之间应强调彼此的均等互惠与贡献，这是评价战略联盟成功与否的重要维度。

（4）对联合价值创造的强调

建立战略联盟不仅是为了降低交易成本，还为了通过战略联盟的建立给门店经营管理带来更多的利益。对于市场这块“大蛋糕”，谁都想将之做大、做强。门店实行战略联盟，往往更注重的就是如何把“蛋糕”做大，以便自己能够从中多分一份。因而，在设计联盟关系阶段，强调联合价值创造有助于激发各个联盟者之间的动力。

（5）维持和保护核心竞争力

战略联盟被认为是联盟者之间学习新知识、新技能的捷径，但由于这种知识、技能被别人掌握后会影响其本身的竞争力，因此，有时这种学习会被联盟对象所排斥，导致他们通过设置各种障碍来抑制对方学习。因而，在联盟关系设计阶段，联盟者应明确规定维持和保护核心竞争力的规范。

（6）按既定的日程表执行计划

战略成功与否，与联盟所构建的战略与目标是否按既定的计划被执行有着极大的关系，因此按计划执行任务必须在联盟的设计阶段就得充分强调。

4. 联盟的执行与管理

这是建立战略联盟的关键性步骤，对联盟的执行和管理需要从以下几个方面进行。

（1）高层的支持

战略联盟的成功与否依赖于是否得到联盟各方高层的支持。

（2）建立必需的资源

一旦门店间的战略联盟建立了，联盟者必须尽快将实现联盟目标所需的资源投入到联盟中。

（3）建立信息、协调系统

利用现代信息通信技术建立计算机信息系统能有效地提高联盟的信息交流效率，降低交易成本。

（4）避免不必要的知识传递

为了维护联盟者间的利益，必须对联盟伙伴之间的信息传递与学习进行管理与监控，避免不必要的知识传递给联盟伙伴带来的损害。

（5）联盟伙伴能力的交流与学习

联盟的建立也是为了相互学习和提高，学习的目的越明确，吸收知识的能力越快，通过建立战略联盟所获得的收效也就越高。

（6）快速实施与收效

当联盟伙伴各方已达成共识，联盟的目标与计划已制定后，门店必须朝着既定目标采取行动。联盟计划的实施越快越有利于赢得联盟伙伴间的信任，从而推动战略联盟的成功。

（7）持续的联盟绩效评估

定期并且持续地对联盟组织的业绩进行评估，是为了让联盟者清楚了解战略联盟是否按着他们的既定方向前进。若偏离了原有的目标，他们就可以及时进行纠正。

连锁门店的常见问题及解决方案

1. 连锁门店的常见问题

连锁门店的发展越来越迅速，这些门店如雨后春笋般冒出来，数量也越来越多，但门店运营和复制始终是困扰门店经营者的一大难题。连锁门店常见的经营和管理问题主要有以下几种。

（1）门店复制无法让连锁门店提速发展

连锁门店在发展过程中将资源集中在了增加资本的积累上，对人才储备和培养机制的建立并不重视，从而导致人才的缺乏。没有合适的人才，没有合适的方法去快速复制门店，即使快速复制成功了，也还是会出现种种问题。这使得连锁门店白白丧失了发展良机。

（2）门店运营管理无章可循

门店由于缺少系统的标准化管理工具，比如运营管理流程、规范、表单等，导致门店的管理无章可循，每出一件事情，店长都要决策好久。其实门店内的运营管理事务看起来好像都不同，却有很多是相似的，是有规律可循的。店长应对这些规律进行归纳总结，制定相应的运营管理章程，这样，连锁门店的管理就简单多了。

（3）门店运营标准存在缺陷

很多连锁门店店长通过直接复制其他企业的良好管理规范来经营管理自己的门店。然而，每个门店的具体情况各不相同，这样抄袭的结果是，门店往往有运营手册却没有自己的运营标准，抄袭来的一大堆资料被束之高阁，或员工每天花在填报表、写总结的时间比做本职工作还要多。

（4）各店管理能力参差不齐

连锁门店由于缺少店长及关键岗位的培训活动，未设计店长及关键岗位的训练课程，导致各店人员都是依靠资历来晋升的现象并不少见。但这种依靠资历的晋升方式不利于人才的选拔和培养，它使得各店的管理和服务严重缺乏一致性，很多消费者并不能在所有的门店中享受相同质量的服务，久而久之，这些问题开始变得更加严重，甚至波及整个连锁门店的品牌和声誉。

（5）门店服务缺少连贯性

由于督导机制缺失，规范标准无法全面、持续、有效地贯彻，很多连锁门店的服务出现断层。无法保持良好的服务品质，想要维持客户的长期认同，就显得极其困难。

（6）门店员工的能力不强

连锁门店员工由于缺乏必要的技能训练，在遇到事情时，常常表现出手忙脚乱、差错不断的样子。

（7）门店缺乏团队凝聚力

连锁门店与单店毕竟不同，就经营规模和员工数量而言就有着极大的差异，团队凝聚力的建立尤为困难。

2. 常见问题的解决方法

要想解决连锁门店在经营管理过程中所存在的这些问题，经营者可以从以下三个关键点出发。

（1）标准

“无规矩，不成方圆”，从连锁门店存在的比较常见的问题中我们发现，标准的建立是一个很重要的问题，一套合理有效的运营标准是连锁门店管理的基础，更是其扩张发展的关键。因而经营者应当找一些专业的、富有经验的人员为门店进行标准提炼，帮助门店建立行之有效的规章制度。

（2）执行

标准和规范是书面指导，行动是关键。有了标准就需要能够把标准执行到位的人员，这就涉及员工的素质、技能问题。在这里，连锁门店的店长、员工的训练有没有做到位成为核心问题。对着标准纸上谈兵没有用，实际训练才能将连锁门店经营得更好。因而，经营者应当加强门店管理人员的专业管理技能训练，加强门店服务人员的业务技能，确保门店的全体员工都能够胜任及超越自身的岗位要求，确保门店规范运作到位，各项标准被严格执行。

（3）监督与检查

监督和检查是保证门店的标准和规范被有效执行、门店员工顺利工作、连锁门店良好运营的必备程序。对门店运营管理的监督和检查工作，除了要建立必要的监督机制，最重要的一点是鼓励全员参与，通过连锁门店的全体员工群策群力，实现长期提升。这对于提高连锁门店的团队凝聚力也具有很大的帮助。

如何进行多元化经营

门店在突出核心能力的基础上向多元化方向发展，已成为一种客观的必然趋势。把多元化发展战略作为门店发展的一种手段，通过多元化经营可以进一步提升门店的核心竞争能力，扩展门店的战略资源。

多元化经营遭遇失败的原因比较多，其中最重要的一点是决策者只顾盲目地扩大规模，拉长战线，而忽略了多元化时门店核心竞争力的整合、培育和发展，这使得门店的经营常常陷入为多元化而多元化的怪圈。因此，门店要想进行多元化经营，应该弄清楚要如何去搞多元化的问题。

1. 选择多元化经营的时机

门店选择多元化经营应当把握好恰当的时机，时机不成熟或错过时机都会造成战略上的被动。时机不成熟，门店为进入多元化经营所做的准备不足，多元化经营就会出现问题；错过了最佳时机，门店又会因为延误战机而导致多元化经营的失败。

2. 找准多元化发展的方向

多元化经营包括关联性多元化、无关联性多元化，其内容异常广泛。门店的多元化经营必须是有选择的多元化，毕竟门店的资源与管理都是有限的。在多元化发展方向的选择上，店长必须考虑所选择的方向是否有助于门店核心竞争力的加强和扩展，是否有利于产生合作伙伴间的协同效应。找准发展方向不仅可以较好地利用门店原有的核心竞争能力，而且还能实现规模收益递增的目标。

3. 选择适当的领域和合作伙伴

门店实行多元化经营，需要根据时代要求和市场需求，选择好要进入的领域。领域选择是十分关键的一步，它影响着门店多元化经营的发展前景。另外，在新的领域内，经营者还应注意多元化经营所需要的合作伙伴，所选的合作伙伴与其本身一定要具有一致的价值观和信念，要值得信任，要有足够的能力彼此互惠互助。不合适的合作伙伴，必将造成最后的合作破裂，并导致错过门店发展的大好时机。

4. 选择好多元化经营的次序

多元化经营除了要选择好进入的多个领域，还要考虑好每一个领域进入的次序安排。这就要求门店在进入多元化的经营领域时应该先制订一个周密而细致的计划，根据实际情况和收益等，列好进入产业的次序。

5. 选择好进行多元化经营的方式

自己创立、并购、利用门店联盟进行控股或参股等都是门店进行多元化经营的方式。选择经营方式绝不能带着随意的心态，门店应根据自己发展的战略目标、总体要求以及自身的实际情况慎重决策。

6. 以培育核心竞争力为前提

核心竞争力是门店发展多元化经营的基础，是门店进入多个不同经营市场并取得良好收益的潜在竞争优势。其延展性为门店的多元化发展创造了良好的条件。

门店的核心竞争力一般表现在门店主业经营上。在门店的多元化经营进程中，无论什么样的多元化形式，稳定而有优势的主业是门店经营利润的主要来源和生存基础。主业经营越突出，在所处行业中地位越高，所拥有的资源越充足。实力越强的门店，其多元化经营就越有保障。由于主业是门店的利润来源和财务支撑，如果门店在主业根基不稳、不具备市场支配能力的情况下盲目实行多元化经营，就会给门店带来很大风险，因而，培育核心竞争力需要先将主业做好、做强。

门店的多元化经营应围绕门店的核心竞争力来展开，要充分发挥核心竞争力的优势作用，并通过门店的核心竞争力孕育出多个领域的竞争优势，实现最佳范围经济，获得最大经济效益。

7. 强化内部管理，规避管理风险

资源配置是多元化经营必须面对的最大问题，也是门店内部管理的重要问题。多元化经营往往会导致门店管理层人员与各部门人员之间的信息不对称，门店多元化经营的范围越广，资源配置也就越复杂，多元化经营管理的难度也就越大。成功的多元化经营管理门店，其内部管理系统必定是强大的，其企业文化必定拥有强势的凝聚力和控制力。为了成功地实行多元化经营，门店必须建立一个有效的内部资源配置机制，依照效率最大化的商业原则合理分配内部资源，减少管理成本支出，规避管理风险。

案例　雷诺—日产和戴姆勒的联盟

受2008年金融危机的波及，戴姆勒集团和雷诺—日产联盟的经营状况都不太好。2008年戴姆勒集团的收入同比下降3.5%，净利润下降65%，而到了2009年，戴姆勒集团更是从盈利变成了净亏损26.64亿欧元，收入下降了20%；同时期雷诺—日产联盟的业绩更是惨不忍睹，2009年的亏损额甚至达到了30亿欧元。

面对日益严峻的全球车市现状，雷诺—日产联盟和德国的汽车巨头戴姆勒奔驰集团一拍即合，于2010年4月7日，它们正式对外宣布建立大战略联盟。不同于以往较高风险的绝对控股形式，这次雷诺—日产和戴姆勒的联盟选择了交叉对持3.1%的小额股份的形式进行，并将双方合作的着力点放在了加强双方技术合作的部分，这不仅有效地降低了战略联盟的风险度，杜绝资源浪费，而且能够让合作双方都保持完全足够的独立运作能力，为双方带来快速客观的实在利益。

雷诺—日产和戴姆勒此次的战略联盟合作项目范围广泛并且全面，其最大的特点就是合作互补性诉求十分明显。比如，双方这次联盟的重点之一就是奔驰和雷诺在小型车领域上的相互合作。在小型车领域，戴姆勒奔驰的表现一直差强人意，无论是A级、B级还是更小的Smart都不算成功，每年的亏损至少在4亿欧元以上。而雷诺的强项正是小型车，并且在小排量动力总成方面颇有建树。通过这次的结盟，戴姆勒奔驰在小型车市场上的实力日益增强，已然有足够的实力叫板竞争对手，应对竞争对手的施压。

可以说，两家的合作联盟帮助戴姆勒奔驰大规模地打入了北美市场，而雷诺—日产在这次的合作中也获益颇丰，其中最大的收益可能就是它得到了来自奔驰高端动力总成的共享。欧洲市场一直是雷诺—日产旗下英菲尼迪的最大目标，要想打入欧洲市场，丰富并且成熟的高端动力是必备条件，通过这次的战略联盟，日产得到了来自奔驰成熟的大排量高端动力技术的强力支持。

此次的联盟合作虽然存在着一些问题，比如双方在文化和制度上存在着很大差异，但这一战略联盟对各方的良好影响依然十分深远。就双方自身发展而言，二者的联盟合作帮助戴姆勒奔驰和雷诺—日产拓宽了销售市场，减少了对原市场的依赖性。另外，这场合并是双方全球化的表现，为他们的资源优化配置节省了大量开支，也抬高了公司的股价，增强了公司的竞争力。

案例分析

受 2008 年的金融海啸影响，戴姆勒奔驰和雷诺—日产因自身的发展需要而结成了联盟，双方的联盟合作给彼此都带来了益处。二者的联盟取得很大成功的原因就在于，首先，戴姆勒奔驰和雷诺—日产对彼此的品牌、企业文化都给予了充分尊重和信任，这保证了它们各自的独立经营地位；其次，双方能够形成强有力的互补优势，使联盟真正实现了显著的协同效应，提高了各自的盈利能力，进一步开拓了新市场，巩固了老市场，从而形成一种双赢的局面。

第二部分　知管理，懂运营

——金牌店长的工作力修炼

第 5 章

在其位，谋其政
——金牌店长的工作法则

店长的工作职责

店长作为一店之长，其工作职责自然与普通员工不同，所承担的义务与责任也完全不一样。要想成为一名优秀的店长，明确自己的工作职责，清楚自己的权利和义务是必要的。店长的工作职责主要包括以下几点。

1. 执行上级指令

首先，店长要遵守公司各项规章制度，执行上级指示，完成公司下达的各项经济效益指标。经济效益指标主要包括：年度销售收入（分解为月份）；分店直接费用；利润、周转天数、商品损耗率等。

其次，店长还要了解公司品牌的经营方针，依据品牌的特色和风格以及自身门店的经营情况，执行销售策略。对公司销售管理环节上的商品动销状态、商圈内价格竞争优劣状态、商品结构组合实情等做出最佳的信息处理并承担行为责任。

2. 保护公司的投入资本

店长要对公司全部资本金的投入承担保护责任。公司资本金包括：分店使用（占用）的各种设施设备、投入分店的装饰、分店合理占用的商品流动资金、备用金以及其他收入。

3. 保护公司的经营技术资产

店长要对公司经营技术资产的保护和保密承担行为责任。公司经营技术资产包括：注册（登记）商号、服务标志、资讯系统、管理模式、员工培训、门店布置、会计操作、信息传递等公司营运系统。

4. 辅导店员，管理店员

首先，店长要负责全店工作人员的培训，定期对员工进行教育指导，包括产品知识、销售技巧、礼仪形象以及其他相关的工作知识。在必要的情况下，店长还要协助指导其他门店人员的在职培训。

其次，店长要负责门店的人事管理工作，主要包括：根据门店规模确定门店人员设置；安排店员工作、人员的选拔和考评；负责门店员工的纪律、考勤、仪容、仪表和服饰规范的监督与执行；编排班表，按实际情况进行适当修正，并确保下属准时上班；对人事调动、纪律处分、下属晋升等问题向公司提出适当的建议；了解公司政策及运作程序，向员工加以解释，并推动执行；确保每位员工了解门店安全及紧急指示；清楚理解雇佣条例，向员工解释公司的相关守则及福利；召开店内工作会议，主要是早会和晚会，并做好记录，与员工商讨门店运作及业务事宜，发挥员工主人翁精神，与员工及时沟通，达成共识。

5. 管理商品财务

在财务方面，店长要负责门店的设备、现金、账务及收银终端作业管理，做好各项报表的管理，确保盘点、账簿制作、商品交接的准确无误。

在商品方面，店长要掌握好商圈目标顾客的消费需求，负责门店内货品补齐、管理以及商品的陈列工作。具体工作内容主要包括：负责门店的商品进货验收、商品价格变动、商品陈列与配置、商品质量、商品引进与滞销商品的淘汰等。店长要对门店每日的销售工作进行分析，检查货源情况，向总部提出新商品引进和滞销商品的淘汰建议，及时补充畅销产品，对滞销产品做出合理化销售建议或退仓，确保门店的日常销售正常进行。

6. 管理销售活动

店长要根据门店的实际情况提出门店的促销需求，根据总部下达的活动指令，定时进行公关推广活动。通过制订各种活动计划、执行各种活动任务，激发导购工作热情，调节卖场购物气氛。

7. 管理日常信息

店长要对门店日常的经营资料进行记录与存留，主要包括：编排每周、每月的工作计划并确保各类文件的妥善归案处理；将退货、调货等信息及时输入电脑或入账；了解周围品牌销售情况，登记并提供每天店内客流量资料；确保每周的营业报告和营业状况分析准时、准确递交等。

8. 监督门店运作情况

店长要确保店内外装修，货架完好无缺，监管一切店内装修、维修事项；负责开铺、关铺，监管收银程序及操作电脑设备；负责店内货品、财物及现金的安全、防火工作；保持门店或活动现场的灯光、音乐、仪器（冷气工具）等设施的正常运作；负责陈列工作，维护卖场货品按公司陈列要求陈列；维持卖场及货仓整齐清洁；监察全店销售工作等。

9. 服务顾客

店长要指导员工以专业热诚的态度销售货品，为顾客提供优质的服务；有效处理顾客的投诉及合理要求；建立顾客与公司的良好关系；建立顾客联系档案，以便更好地为顾客提供服务。

任何岗位职责都是责任、权利与义务的综合体现，权力和承担相匹配，权利和义务相对等。店长要享有经营管理门店的权力，就必须要明确自己的岗位职责。只有对自己准确定位，才能知道自己应该做什么、怎么做、做到什么程度。

店长日常工作重点

店长应该清楚自己的工作职责及明确自己的位置，而把握自己每日的工作重点可以更好、更有秩序地管理门店的运营工作。店长日常的工作重点主要包括以下几点。

1. 营业前管理

店长在开门营业之前，有许多当天的工作计划、常规检查等需要做好安排与准备工作。营业前的准备工作做得越充分、越细致，开门迎客和销售过程就会越顺利，店员的工作效率也会越高，销售效果也会越好。店长营业前的准备工作和管理工作是门店店员做好售货的基础，是门店店员有章可循、有事可做、有目标可追的依据。

因此，店长应该在门店营业前做好如下管理工作。

①检查门店环境，查看是否与昨日下班前不同。

②查看通道照明、货架等设备的使用情况，开启电源及照明设备。

③查看工作交接本和备忘录，了解昨日未了结事项，拟定今日工作计划。

④召开晨会，开会过程中应当注意检查员工的出勤情况；检查员工的仪容仪表是否符合公司规定；传达公司政策，公布当日工作重点及营业指标；对当前经营情况进行分析；对员工表现进行评估；激发员工工作激情，鼓舞员工士气。

⑤巡视全店卫生情况，组织带领员工打扫卫生。着重强调员工注意入口处、玻璃、货架、地面、收银台、展示用品等地方的

卫生情况，做好仓库的整理工作。

⑥清点货品及收银备用金。充足的货品是门店开门营业的前提，备用金是保证门店正常营业以及处理突发事件的保障。店长要根据所在门店的大小对货品进行清点，查看备用金是否短缺。

⑦补货。店长应当根据当前货量及当日货物销售计划让进货人员进行量感补货。

⑧核对报表。店长要仔细核对前日营业报表，避免报表出错，并上报上级部门。

⑨查看天气情况，分析今日推广货品。

⑩检查门店营业前的准备工作是否到位。

有关门店的所有准备工作都完成之后，店长还需要检查自己的仪容仪表是否有不妥之处，如因为打扫搬运而导致发型较乱、妆容脱落、工作服有污渍、鞋袜有灰尘、女店长的长筒袜出现破洞等。若有这些情况要及时补救。店长的仪容不仅会影响其自身在店员面前的威信，还会影响顾客对门店的印象。

以上事宜虽然烦琐，但只要一切有条不紊，也无须花费太长时间。如果时间不够，店长可以早一点去门店处理相关事宜，切记不能因为营业前的准备工作而耽误了正常的营业。

2. 营业中管理

要想成为一名优秀的店长，一定要有全心全意的服务精神，要热爱本职工作。除此之外，还要具备丰富的业务知识、熟练的操作技术，以及较高的管理水平，否则在管理员工过程中可能很难服众，在接待工作中也不能熟练地给顾客介绍商品，当好参谋，帮助顾客挑选称心如意的商品，更不可能做出令老板满意的业绩。

门店的经营过程有一套连贯的工作程序，相应的，这些程序又可分为若干个环节，虽然各个环节的操作技术和要求都不尽相同，但熟练、准确、快捷和优美却是所有经营管理技术的基本要求，主要表现在以下几方面。

①随时整理工服，检查营业员仪容仪表，查看是否有员工在工作时闲聊。

②及时到货场内查看员工的工作状态，了解员工在工作中存在的问题，针对员工的实际问题，提出好的建议并及时进行处理。

③督导收银工作，随时掌握门店的销售情况。店长应根据每日的销售计划、工作指标，分析销售情况，并及时进行适当的调整。

④随时控制调节门店的电器、音响设备、空调温度以及其他的门店设施，监督好收银台的播音对活动信息的传达及对员工的鼓励。

⑤随时检查各个岗位和各个环节是否正常运作，特别注意收银台、仓库、售后等重要环节。

⑥维护门店环境整洁，检查是否有阻碍通道或阻挡商品销售的情形；随时督促员工做好门店卫生清洁工作及商品陈列工作，避免在门店经营过程中商品陈列混乱、卫生水平不达标的情况出现，破坏门店在顾客心目中的印象。

⑦及时更换店内产品展示，检查商品是否过多或者过少，及时跟进仓库补货情况。

⑧定时巡视门店，注意形迹可疑的人，防止货物丢失和意外事故的发生。

⑨及时主动协助顾客解决消费过程中的问题。对于提出投诉

的顾客，要尽力安抚好他们的情绪，并认真询问原因，查看顾客投诉的事情是否属实，再根据实际情况采取相应的措施。

⑩收集市场信息，做好销售分析。

⑪了解竞争品牌的销售情况，及时对本店的货品推广做出分析和调整。

⑫随时关注同事工作情况、个人情绪，及时调节同事积极性，合理安排就餐时间，就餐后及时提醒女同事补妆。

⑬其他店如有调货需求，应积极配合，不得藏货不调。

⑭整理公司公文及通知，做好促销活动的开展前准备和结束后的收尾工作。

⑮督促员工做好下班前的工作交接事项以及人员确认。

3. 营业后管理

①核对当日财务，填好当日的营业报表，上传并上报销售报表。

②营业款核对并妥善保存，留好第二天营业所需的备用金。

③跟进仓库和货品的下账工作，安排员工进行货品清点。

④比较分析当日销售与前日和前周的销售情况，寻找销售变动的原因，进行补货和调场计划。

⑤做好明日工作计划。

⑥必要时组织员工开晚班会，总结当日工作中的得与失，讨论需要改善的地方，并制订好具体的方案措施。

⑦检查电气设备是否关闭，杜绝火灾隐患。

⑧检查门店门窗是否关好，店里是否还有其他人员。

⑨定期安排时间与同事做好工作沟通，及时了解同事内心想法及心理状态。

店长必备的心理素质

态度决定高度，心态决定成败。作为一店之长，你所扮演的角色与众不同，除了熟练的业务技能和管理才能外，心理素质也至关重要。一个优秀、成熟的店长必须具备健康良好的心理素质。那么，对于店长来说，良好的心理素质具体包括哪些内容呢?

1. 充满自信

自信，顾名思义就是相信自己。店长代表的是整个终端门店的形象，是企业文化的传递者。要想传递好企业文化，树立好门店的形象，店长首先要让人们看到其自身的正能量。一个优秀的店长必须相信在自己的带领下，门店的生意会越来越好。只有店长自己充满自信，员工才会信任你，相信在你的领导下会拥有美好的前途，进而才会死心塌地地为门店的发展而努力。

2. 自强不息

爱默生说:“强者容易坚强，正如弱者容易软弱。”自强是一种精神，是一种美德，是一个人活出尊严、活出人生价值的必备品质，是一个人健康成长、努力学习、成就事业的强大动力。

自强是在自爱、自信的基础上充分认识自己的有利因素，以积极进取、努力向上、不甘落后、勇于克服困难的精神与态度，做生活的强者。店长作为门店的领导者和经营者，树立自强不息的精神，培养坚强的品格，有助于其克服负面情绪，从而振奋精神，担负起老板或者企业赋予的重任。

3. 追求卓越

卓越是一种追求，它是将自身的优势、能力以及所能使用的资源，发挥到极致的一种状态。试想，假如乔布斯不是一个不断创新、追求卓越的企业家，他有可能将“苹果”打造成为一个世界一流的品牌吗？假如张勇满足于开一个小小的火锅店，他有可能将“海底捞”发展成为一个著名的大型餐饮集团吗？

门店开张的主要目的在于获取收益，如今社会的竞争越来越大，要想不被社会淘汰而又能够获取收益，店长自然也得紧跟时代步伐。安于现状、不思进取不仅会导致门店的发展止步不前，甚至连已经取得的微小成果也可能损失殆尽，最终只能在激烈的市场竞争中被淘汰出局。因此，作为一名店长，必须要有敢为人先的勇气及追求卓越的气魄。

4. 敢于担当

俗话说：“顺境逆境看襟度，大事难事看担当。”店长是一个门店的最高负责人。既然是最高负责人，就必须勇于承担责任。一方面，在日常的经营管理过程中，店长要全面履行自己的各项职责；另一方面，一旦出现棘手问题或重大事故，店长要身先士卒，与其他员工一起积极应对，争取尽快解决问题。另外，当门店的经营效益不佳时，店长不能只从员工身上找原因，也要反思自身的工作情况，以此振奋士气，带领员工共创佳绩。

5. 宽厚包容

“人非圣贤，孰能无过。”每个人都有失败和犯错误的时候，作为店长，在适当的时候也应该要体谅、包容下属。一味地责骂并不利于管理员工，真正优秀的店长能够容得下店员所犯的错误，理解店员的处境与心理，帮助他们克服困难，真正做到关心并激励店员，做到和下属一起成长。

6. 忍耐力强

门店的经营活动是一项相当辛苦而枯燥的工作，而且一个门店的发展总会经历从无到有、从小到大的过程。这期间不可避免会遇到诸多问题与挑战，尤其是来自顾客方面的问题。每一个挑战都可能让店长不胜烦恼，焦虑万分。但是，解决问题不能着急，一方面要抓紧时间想办法，另一方面也要谨记凡事都要一步步来，耐心等待有利的时机。总之，作为店长必须要有足够的耐心去引导门店的整个团队渡过一个又一个难关。

7. 热情开朗

热情开朗是健康生活的营养品，也是提高工作质量的助推剂。管理门店面对的是几个甚至是几百个员工以及不计其数的顾客。试问，一个郁郁寡欢的店长怎么能够培养出一批热情的好员工？又怎么能够吸引顾客开心消费呢？因而店长在面对工作时必须要有高度的热情与激情，以此来感染店员和顾客，使店内充满欢愉、和谐的气氛。

8. 善于激励

要让员工充分发挥自己的才能努力工作，就要把员工的“要我去做”变成“我要去做”，实现这种转变的最佳方法就是对员工进行激励。

激励的方式有很多，一般分为精神上的和物质上的。精神上的激励主要通过口头表扬、公告张贴等方式，物质上的奖励主要是通过奖金、奖品等实实在在的外物。因此建立科学的奖励机制十分重要，比如，可以对员工进行绩效考核，并建立完善的奖惩机制。对绩效好的员工既要进行精神奖励，也要给予物质奖励。员工一旦尝到了甜头，得到了实实在在的好处，自然会加倍努力工作。而且，这也可以带动相对落后的员工迎头赶上。

9. 控制情绪

一名成熟的店长应该具有很强的情绪控制能力，始终保持平和自然的心态。因为一个高层管理者情绪的好坏，甚至可以影响到整个门店的气氛。情绪是会相互影响的，如果店长经常由于一些事情控制不了负面情绪的爆发，那么店员的情绪很可能就会受到影响，从而降低店员的服务质量。服务质量降低了，顾客满意度就会降低，整个餐饮店的运营效率和运营收益也会相应降低。反之，如果店长能够抵制负面情绪的侵蚀，始终平心静气地处理问题，其他员工就会受到感染，遇到突发情况也能保持良好的工作态度。

店长应树立起个人权威

店长是门店的最高管理者，管理者的担子重、责任大，要想履行好职责，是不能没有威信的。只有树立了较高的威信，才能增强教育人的说服力、团结人的凝聚力、工作中的号召力。那么，店长要如何树立起自己的权威呢？

1. 能力是树立个人权威的基础

孙子曰：将能而君不御者胜。首先将军要有才能，然后皇帝不去牵制他，这样才能打出漂亮的胜仗。这里存在两个前提条件，一个是“将军有才能”，另一个是“皇帝不去牵制他”。门店的经营管理同样如此。

品牌公司的主管或者加盟商若是一味地牵制店长，总是担心店长做不好，而把自己的方法强加给店长，给店长一个框架和限制，让店长用他不熟悉的方法去做事，其效果自然要打折扣。另外，门店的管理是一项系统性的工作，如果店长在管理过程中受到一些牵制，门店管理的系统性就可能受到破坏。所以老板或者企业高层最重要的是对店长进行培训、审核和监督，而具体的方案提出和实施应该完全交给店长。

当然，这样店长个人的能力就显得尤为重要。它包括渊博的知识、丰富的经验、果断的决策、良好的形象以及卓越的才能。

知识尤其是与自身工作相关的专业知识是店长的宝贵财富。专业知识不但是征服困难的力量，也是征服人心的力量。店长具有丰富的专业知识，在工作中能够回答员工无法回答的问题，或者为员工排忧解难，员工就会对店长产生敬佩感与信赖感，店长的威信自然就树立起来了。

丰富的经验是店长在日常工作中积累起来的，它不仅能够体现店长个人的阅历和努力程度，更能为店员提供丰富的参考经验，提高店员的工作效率。

果断的决策是店长个人经验、能力以及个人魅力的综合体现。约翰·博格说：“一位称职的管理者，总是能够在面临棘手问题时，果敢决断。”

良好的形象是店长获取员工信赖的外在基础。试想，一个连自身形象都无法装扮好的店长，又怎么能够让员工相信他可以将一家门店打理得井井有条呢？

卓越的才能为店长的威信增色添彩。比起平庸无能的人，人们总是更希望亲近，也更尊重和信任具有卓越才能的人。

2. 领先的专业技能是树立个人权威的保障

店长作为门店的最高管理者和经营者，要想在全体员工面前树立权威，只拥有一般的经营管理能力还不够，还要在某些技术技能上具有领先性。

比如，与导购相比，如果店长的陈列技术还不如导购，让导购调整卖场的陈列时就会显得很无力；如果店长的销售能力不及导购，跟导购说销售技巧时就很难让人接受；如果店长的协调能力不及导购，跟导购说站位安排问题时就难以让人心悦诚服。其实在很多时候，导购或者门店中的其他员工不服店长的管理是因为店长的专业技能不强，甚至还不及员工。

店长从事门店的决策性工作和管理工作，拿到的薪水也比店员要高，所以在老板和其他员工的眼里，对店长的要求本身就要更高一些。因此，店长必须具备强于门店里其他员工的专业技能，特别是在综合能力方面，否则难以服众。

3. 权力不是老板给的，而是店长自己争取的

一般来讲，店长刚上任的时候，老板都会给予最基本的权限，随着工作的开展，其权限会有所变化，而变化的原因在于店长自身。比如，我们常见的批准请假权力，如果店长经常在生意繁忙时批准一些员工请假，而请假理由是一些不太重要的私事，那么老板就可能会收回店长批准请假的权限。相反的，如果店长在某些问题上能够经常提出具有建设性的意见，那么老板就可能会将解决相关问题的权力下放给店长。

所以，从某种意义上来说，店长权限的范围可以看出其工作的主动性、对事物的判断能力和决策能力、敢于承担责任的胆识等方面。所以，如果店长想获得管理权限并让员工认为自己能够做主，在员工中树立起良好的威信，那么店长就必须自己主动去争取。

4. 个人魅力是树立个人权威最坚实的利器

说到人格魅力，马云绝对是一个典型的例子。

马云在阿里巴巴具有绝对的权威，是企业的灵魂。这和其人格魅力有很大的关系。马云最初的几次创业都不是非常成功，但他的核心团队一直追随着，从没有因为失败而离开他。

比如，1999 年，马云决定从北京回杭州开始创办“阿里巴巴”网站。他对自己带领的团队成员表示：愿意回去的，只有 500 元工资；愿留在北京的，可以介绍去待遇很好的著名互联网公司，比如雅虎和新浪。他说给他们 3 天的考虑时间，但不到 5 分钟，团队成员一致决定一起回杭州去从头再来。要知道，这已经是马云第三次创业了，如果缺乏超凡的个人魅力，遇到这种情况团队就会垮掉，很难再有人追随领导者重新开始。

所以，人格魅力是树立个人管理权威最坚实的利器。那么，作为店长又应该如何树立起自己的人格魅力呢？

山本七平先生曾在《人望的研究》一书中提出“威望品德”

的概念。他认为“威望品德”包含9个要素，即九德品质：宽严并济、以柔克刚、真诚和善、知人善任、正直豁达、坚定果断、身先士卒、一视同仁、刚勇仁义。这同中国古书《尚书》中所说的“君子九德”不谋而合，“君子九德”被定义为：“宽而栗，柔而立，愿而恭，乱而敬，扰而毅，直而温，简而廉，刚而塞，疆而义。”意思是只要管理者坚持宽宏大量而又严肃恭谨，性情柔和而又坚定自立，态度谦虚而又庄重严肃，富有才干而又认真负责，善于听取别人的意见而又刚毅果断，行为正直而又态度温和，平易直率而又注重细节，刚正不阿而又脚踏实地以及坚强勇敢而又合乎道义这九大修身之道，即可达到“内圣而外王”的“王道”境界，从而树立起个人威信，赢得下属爱戴，达到“不管之管，不教而教”的自动化管理目标。

这些人格魅力的修养之道要落实到具体的门店管理当中，店长可以从以下几个方面多加注意。

（1）店长要认真负责，做好员工的榜样

作为店长，如果自己经常迟到，就无法监督其他员工的迟到；如果店长经常在背后评论老板，就无法阻止其他员工在背后议论别人；如果店长天天工作很懒散，就无法带动其他员工工作的积极性。所以，店长要在遵守规章制度、对公司忠诚负责和工作积极性方面树立好榜样。

（2）店长要有宽大的胸怀

由于工资制度的竞争机制、人际交往中的摩擦等因素，使得员工之间难免会产生一些小矛盾。如果店长不具备宽大的胸怀，就不可能调节好员工之间的关系，很可能连自己与员工之间都会产生巨大矛盾，这样就难以树立起个人的权威。另外，与人相处要温和谦虚，在工作中不论取得多大的成绩，店长都不能到处张扬，摆出一副高高在上的样子。

（3）店长要敢于面对和承担责任

店长应该把门店当作自己的店来管理，负起责任。遇到错误，正面去面对；遇到挫折和困难，不躲避；遇到问题，不推诿。在老板和顾客面前要有承担员工错误的勇气，在员工面前要有承担员工所认为的老板办事不公的错误的决心。只有做到这些，才能树立起自己的人格魅力。

（4）店长要真诚地关心员工

关心员工不能仅仅停留在口头上，更要给店员一些实际的帮助。比如，员工在门店很忙时有急事要请假，店长如果帮他顶班，那么下次员工就不好意思再请假或者迟到了；员工感冒了，店长为他买感冒药并定期表示慰问等。如果能够做到这样真诚地关心员工，店长在员工心目中的分量自然也会变重。

“权力在权不在力，管理在理不在管”，只有做到内外兼修，人性化管理；权衡得失，明智决断；理顺事务，协调经营，这样的店长才是让员工们敬畏的“威望型”店长。而那些才能不足、颐指气使、大权独揽、唯我独尊的店长，终将因失去店员们的支持，而被淘汰出局。

店长要掌握领导艺术

门店要想逐步良好发展，门店经营者必须掌握领导艺术。毕竟，门店有不少销售员、服务员，他们都需要门店经营者来领导。如果领导的工作做不好，那么门店的店员肯定像一盘散沙一样，优秀店员留不住、新的店员招不来。到那时，门店的经营就会困难重重。

有的门店经营者认为，要想管理好店员，必须用压力来驱使他们听从命令和指挥，然而事实证明，这种心态是错误的。一名领导倘若总是依靠压力来制服店员，这种态度难以令人信服，必定让店员产生反感，继而与之对立，最终导致无人听从命令，门店的管理也会因此而受到影响。

门店经营者要牢记：店员的管理并非是以威严压制，否则只会让店员口服心不服，只有艺术地领导他们，让他们心服口服，和门店经营者产生共识，如此门店经营者的威信和凝聚力才能逐渐形成，以门店经营者为核心的服务团队才能建立和发展，并最终为门店的未来打下坚实的基础。

1. 当领导的基本要求

作为一名领导，应当做到以下几点。

（1）养成打招呼的习惯

有些门店经营者认为，自己是领导，主动和店员打招呼有失身份。其实，日常生活中，打招呼是相互平等的表现，如果认真做到这一点，就会有意想不到的收获。

领导主动与店员打招呼，语气要亲切、温和，让店员感觉温暖。比如，早上上班，大方地对店员说一声：“你好，早安！”店员就会感觉心情舒爽。在门店服务团队中互相打招呼，有助于人际关系的融洽以及内部团结，这对门店的经营和发展非常重要。

（2）与店员多谈谈自己的私事

有的门店经营者认为：“自己的私事怎么可能跟店员说，这样有损自己的威严，更会让他们笑话我。”

其实，作为领导，多抽点时间和店员相处，适当地和他们谈谈生活上的私事，制造一种和谐气氛，这对搞好管理工作是有帮助的。在和谐的氛围中对店员下达指示命令，比板着脸直接命令店员，效果要好得多，店员也会认为领导对自己比较亲近，进而对门店产生一种信赖感和依赖感。

（3）学会倾听

当一个人说话时，如果有人认真聆听，而且还会附和，说话的人会感到心情愉悦，从而愿意把想说的都说出来。作为门店领导者，能够认真倾听店员说话，不仅能让店员感到领导平易近人、善解人意，而且还会让他们从心理上对领导产生一种信赖感。店长在倾听店员说话时，可采用以下方式。

①当听到店员在说一件事情时，不妨插入“原来是这样，后来发生了什么?”的问话，这样能引导对方将话题继续讲下去。

②在与店员谈话时，要懂得变通，注意和店员的思路衔接。

③当听到店员说了一大段话时，可以这么说：“原来是这样，挺有趣的。”或者说：“噢，这真让我惊讶。”

作为一名门店经营者，如果善于倾听，就很容易让店员将内心的话全盘托出，从而了解他们的不满、苦恼以及理想，然后适当地给予帮助，这样能在门店内部建立良好的人际关系，让店员对门店产生信赖感和安全感。

2. 放下架子，与店员同甘共苦

理解店员，只是好领导的一部分，要想让店员都向自己靠拢，门店经营者还必须学会与店员同甘共苦。而要做到同甘共苦，就必须坚持以下原则。

（1）公平原则

门店经营者要让店员相信，无论是门店经营者还是店员，只要工作业绩突出，就会受到嘉奖；只要不好好工作，犯了错误，就会受到处罚。要同甘共苦，就要在奖励和处罚上一视同仁。门店经营者工作业绩突出，与店员按同一个标准受到奖励；门店经营者做错了事，造成了损失，要与店员一样受到处罚。坚持公平原则，就会让门店经营者的领导作用得到充分发挥，也会让店员对门店经营者的领导与指挥心悦诚服。

（2）体贴原则

门店经营者要想让店员体会到门店对他们的关心，就必须以朋友的方式来对待他们，让他们的心与门店的命运紧密相连，而不能把他们当作赚钱的机器。

（3）共担风险原则

门店经营者必须让店员知道，门店的未来和他们息息相关。做生意，商机与风险并存。商机容易抓，风险却难应付。平时对店员多施“恩惠”，到关键时刻，他们就会和门店同甘苦、共患难，帮助门店渡过难关。

案例 从“明星店长”到“过气店长”

陆明毕业于上海的一所重点大学，在校期间他的学业和各方面的表现都不错。毕业之后，恰逢上海某大型连锁超市大力招聘大学生，这家企业在国内零售业的排名还不错，而且还是国企，加之陆明对国企颇有几分好感，就通过面试进了这家连锁零售企业。

刚进这家公司时，陆明先按固定程序在门店几个岗位轮流实习。实习期间，陆明每天提前半小时到门店，不论脏活、累活总是与门店的老员工抢着干。就这样，陆明凭着自己的好学和钻研精神，以及不服输的个性，很快就在该公司当年所招的 20 多名大学生中脱颖而出，不到两年时间就被提拔为店长助理。在店长助理的岗位上干了一年多之后，陆明就被提拔为该公司最年轻的店长之一，而且这家门店还是该公司销售排名前 10 名的门店，可见公司领导对他是欣赏有加。

陆明在店长的工作岗位上也不负众望，上任当年，在上海市标准超市普遍销售下滑的情况下，他所管理的门店销售量仍然实现了微弱的增长，利润则达到将近两位数的增长，增加了 10% 左右，在公司又一次创造了佳绩。

然而，正当陆明满怀信心准备再攀高峰的时候，厄运却接踵而至。先是因门店前的马路被拓宽而大大影响了顾客的光临的频率，很多原本经常光临的顾客来的次数越来越少，然后是在距离自家门店直线距离大约 500 米的交通要道处，又新开了一家外资大卖场，生意好得惊人。陆明在与一些老顾客的聊天中了解到，由于价格便宜，而且商品选择的空间非常大，特别是生鲜部分，该大卖场很具有吸引力。结果，尽管陆明用了许多办法，但是客流量还是一天天减少，总销售额下降了 30% 左右。

原本一向被表扬的他现在越来越多地被“提审盘问”。公司一再要求其分析销售下降的原因，而且是要求多找主观原因。几个月下来，陆明渐渐有些心灰意冷，萌生了跳槽走人的念头。不过在招聘网站上投了几次简历后，他发现相中自己的单位基本上都不被自己所看重，而且所给的待遇并不比现在的高。几番折腾过后，陆明渐渐地对跳槽也没有以往那种强烈的冲动了。

由于工作业绩不突出，陆明很快从公司内的“明星店长”变成了无人过问的“过气店长”。来自领导的表扬和同事的肯定越来越少，陆明甚至感到门店的店员对自己的顶撞也越来越多，不顺心的事情一下子多了起来，工作的热情随之减少，陆明变得越来越顾影自怜。陆明时常在想：自己已经30岁了，想成家却买不起房子，结婚的事情被无限期延后，看看周围的零售人员待遇普遍不高，而外资零售企业虽然待遇高，但似乎凭自己目前的实力又进不去，那种有房有车的成功人士的生活什么时候才能够向自己招手呢？

自此，陆明陷入一种深深的苦闷中难以自拔。

案例分析

这是一个因门店经营者自身心理素质不够，心态不成熟而导致门店经营管理失败的案例。对于案例中的店长陆明，我们从他前期取得的一些成绩可以看出，他有管理门店的才能，只是对于后来出现的问题和挑战无法从容应对，开始出现退缩、焦躁不安甚至是自卑的心态。

由此看来，店长在经营管理门店的过程中除了要清楚职责、熟练管理技能外，还要加强对自身心理素质的培养。对于一名店长而言，好的心态是支撑自己做长期、不懈的人生探索，以及决定其职业生涯成败的关键。

第 6 章

精心规划店面形象
——金牌店长的店面管理

商圈——选址中最为关键的因素

对于每个城市而言，任何商品都该有一个相对稳定的商圈，也就是商品在一定地理界限内的销售范围。门店类型有很多，每种类型的经营商品、交通因素、地理位置、经营规模等方面都不同，所以其商圈规模、商圈形态也都存在着很大的差别。选好商圈是门店进行合理选址的基础，因为它不仅有助于投资者制定经营策略，还有助于投资者制定市场开发战略。商圈策略运用得当，可以为门店打好牢固的根基，门店的形象也会因此而提高，顾客的需求由此被创造和推动，从而能更好地与商家建立一种相互信赖的关系。当然，投资者还可以利用商圈资源，把生意做到顾客心里，让他们心甘情愿地成为门店的回头客，这也属于门店商圈策略的基本技巧。

每个城市都会有若干个商圈，比如城市中心商圈、城市副中心商圈等。在选址的实际操作过程中，投资者肯定会面临选址类别的问题，比如主干道选址、主干道路口的选址、次干道选址、社区选址、城乡接合部选址等。上班族是在消费群体中占有相当大比率的一个族群，他们大多居住在市中心之外，早上上班因为赶时间所以比较匆忙，而晚上下班后时间就比较充裕，无聊时可以随便逛逛。实际调查数据显示，在白天 8 小时工作制下班后的 2 至 3 小时内，城市主干道上的沿街门店会出现一个明显稳定的消费高峰。所以，投资者在进行干道选址时就可以结合上述情况，选择靠近城市中心外辐射方向的一边，这样有利于顾客驻足进店。

另外，开个店中店也是不错的选择。比如在大型商场、超市设置店中店，虽然店位的租金比较昂贵，但可以享用商场或者超市庞大的客流，只要适当顺应商场或者超市的促销活动，应季地调整商品结构，成为一家高利润、高产值的门店并不是什么难事。不过需要注意的是，如果商场是刚刚开的，则应该先观察一段时间或者侧面打听一下商场的管理及经营情况，因为大多数新商场人气短时间聚不起来，如果投资者选择在这样的地方开店，就必须有足够的资金和心理准备熬过经营低谷期。

除了以上几点之外，投资者在选址过程中，还需要考察商圈周边的人口密度、家庭规模、户均收入、职业构成、性别比例、消费支出、流动人口、年龄结构、商店总数、购买时间、消费倾向和动机等，更为重要的，还要研究欲入驻区域内同一类型的门店之间的相互效应。不要小看这种效应，比如投资者在聚集着众多品牌店的地方开个精品女装店，在一定程度上可以让人产生此门店也是品牌的错觉，从而“捡”到不少客户。

王先生曾经是个打工族，攒了一点钱之后就打算开个外贸男装店，主要卖一些外贸品牌的仿货。因为王先生在广东待过的某工厂就是专门给广州一些批发档口供应这类仿货的，货源自然不成问题。资金和货源都有，他便回老家着手门店的选址，辛苦了半个月，找到了两个自认为适合的铺位，一个是在一条商业街里，另一个是在商场里。因为商业街的铺位周围都是卖衣服的服装店，而商场里面的人流量很大，房租也比商业街便宜，于是，王先生便打算将门店开在商场，当下跟业主谈妥后就交了 3000 元订金。

之后王先生通过对商场仔细观察，发现来这里买衣服的多半是年轻的学生，而且主要以女生为主，就是有男生也多半是陪女生过来逛的。因此这个商场以女装店居多，王先生走访了 5 家潮装店和 3 家运动男装店，发现商品的价格都不高，而尴尬的是自己还是做的仿货，卖便宜了自己没有利润，卖贵了没有顾客。毕竟任何东西一扎堆，不管货好货坏，激烈的市场竞争总会促发削价战争。

情况对王先生不利，第一，男装店没有太大的顾客群；第二，价格上要压得很低，没有多大利润。王先生左思右想很是苦恼，最后求助了一个有服装行业经验的朋友，该朋友替他分析了他两个店面周围的情况，劝他去把那个街店租下来。因为街店转让费虽然昂贵，但门店周围的七匹狼、罗蒙、与狼共舞、金盾等几个品牌男装店生意都非常不错。王先生最后狠下心放弃了商场的订金，盘下了街店。而后他发现这里交通便利，又处于闹市区，消费气氛良好，王先生的外贸男装店开业后，促销广告只做了一个礼拜便有了一批熟客，甚至还有带朋友过来买的，生意极其红火。

王先生的经历告诉我们，想要把门店开成功，选址很重要，周围的商圈和消费氛围会直接影响门店的经营状况。

开店选址不可忽略的细节

有一首民谣是这样说的：丢失了一个钉子，坏了一只蹄铁；坏了一只蹄铁，折了一匹战马；折了一匹战马，伤了一位骑士；伤了一位骑士，输了一场战斗；输了一场战斗，亡了一个帝国。

战马蹄铁上的钉子是一场战争中极其微小的细节，却也可能成为决定一场战争成败的关键。由此可见，无论做人、做事，我们都要树立细节意识，注重细节。开店也是一样的，要想取得成功，必须关注那些极易被人忽视的细节。

成也细节，败也细节。一般来讲，细节是指细小的事物、环节或情节。可以形象地说，细节是转动链条上的扣环，是千里之堤上的蚁穴，是太空飞船上的螺丝……而对于开店选址而言，一般应该掌握以下 10 个细节。

1. 根据经营内容来选择地址

门店销售的商品种类不同，其对店址的要求也不同。有的门店要求开在人流量大的地方，比如服装店、精品店、小超市等，但并不是所有的门店都适合开在人潮拥挤的地方，比如保健用品商店和老人服务中心，这些店面就适宜开在比较安静和偏僻的地方。

2. 交通便利

一般店面选址要靠近车站，或者在顾客步行不超过 20 分钟的路程内的街道附近。当然，选择哪一边较有利于经营，需要观察马路两边的行人流量，以行人较多的一边为好。交通上的便利可以让顾客出行更加方便，有更多的时间和精力进店选购。

3. 靠近人群聚集的场所

可以根据门店类型，将门店开在人流量较大的地方，比如电影院、公园、歌剧院等娱乐场所附近，火车站、码头等交通场所，或者大工厂、机关附近，以及大型超市附近等。这样，一方面可以吸引出入行人，另一方面易于使顾客记住该门店的地址，通过顾客之间的口口相传，会更容易吸引人光顾。

4. 选择人口增长较快的地方

区域性的发展同国家的政策、房地产的开发以及一些区域土地的规划息息相关，门店选址应当关注这些信息对客流量的影响。比如，企业、居民区和市政的发展，会给门店带来更多的顾客，并使其在经营上更具发展潜力。

5. 选择商业中心街道

东西走向街道最好坐北朝南，南北走向街道最好坐西朝东，尽可能位于十字路口的西北拐角。另外，需要注意的是，三岔路口是好地方，在坡路上开店不可取，路面与门店地面高低相差不能太悬殊。

6. 要选择较少横街或有障碍物的一边

很多时候，行人为了要过马路，需要集中精力去躲避车辆或其他来往行人，因而他们很容易忽略了一旁的门店。

7. 要选择有广告空间的店面

门店拥有自己独立的门面也很重要，它是店长进行广告宣传的好地方。有的门店没有独立门面，店门前自然就失去了独立的广告空间，店长也就失去了在店前发挥营销智慧的空间。这会给促销带来很大的麻烦，特别是那些想自创品牌的经营者，有广告空间的店面才是他们必须要考虑的地方。

8. 选取自发形成某类市场的地段

在长期的经营中，一些街道或市场会自然而然地形成销售某类商品的“集中市场”。事实证明，对那些经营耐用品的门店来说，将门店设立在销售同一类商品的地段或街区，更加有利于商品的销售。虽然同行之间的竞争会更加激烈，但也更能招揽顾客，因为规模形成产品集聚，使人们一想到购买该类商品就会自然而然地想起这个地方。

9. 选择由冷变热的区位

被众多商家看好的地段往往都处于基本饱和的状态，与其选择这些地段作为门店经营的位置，让自己处在众多的强劲对手中苦苦挣扎，不如选择不远的将来由冷变热，而目前却还未被看好的某些街道或市区，因为这些地方往往会有更大、更自由的发展空间。

10. 要有“傍大款”的意识

对于新开张的门店而言，那些著名的连锁店、品牌店、银行、邮局等都属于“大款”。经营者可以将门店开在这些“大款”的附近，甚至是它们的旁边。例如，如果想开餐饮店，那就将门店开在“麦当劳”“肯德基”的周围；如果想开鞋店，那就将门店开在“耐克”“安踏”“乔丹”的周围。

总之，最好将自己的门店与超市、商厦、饭店、24 小时药店、咖啡店、茶艺馆、酒吧、学校、银行、邮局、洗衣店、冲印店、社区服务中心、社区文化体育活动中心等集客能力较强的品牌门店和公共场所相邻。因为这些品牌门店或公共场所在选择店址前已经做过大量细致的市场调查，挨着它们开店，不仅可以省去考察场地的时间和精力，还可以借助它们的品牌效应“捡”些顾客。

用外观设计打响门店招牌

门店的外观设计主要是指门店门前和周围的一切设计装饰，比如广告牌、霓虹灯、门店招牌、门面装饰、橱窗布置和室外照明等，这些均属于门店的外观设计。消费者是门店经济效益的主要来源，因而，门店要想经营得好，首先要吸引消费者的注意。除了广告宣传和传统声望等因素外，消费者对一个新的门店的认识主要是从门店的外观设计开始的。因此，门店的外观设计对消费者的心理有着重要的影响。

一般而言，当人们看到一个室外装修高雅华贵的门店时，他们在心理上会形成“这家店销售的商品也一定是高档优质品”这样的暗示。而如果他们看到的是装饰平平或陈旧过时的门店外观，他们则会认为这家店销售的商品也一定相对低下，质量难保。过于豪华或简陋的装饰，搭配不协调的布置，本身就是拒绝消费者的人为屏障。

因而，以优质、恰当的外观设计来打响门店招牌，吸引顾客注意是十分必要的，经营者可以从以下几个方面着手。

1. 外观风格设计

外观是门店给人的整体感觉，它既能体现门店的档次，又能彰显门店的个性。从整体风格来看，外观设计可以分为现代风格和传统风格。

现代风格的外观带有浓厚的时代气息，常给人以现代化、新鲜的心理感受。现如今大多数门店都采用现代派风格，这对大多数时代感较强的消费者来说具有激励作用。一般在商业区附近的门店都会选择现代风格的外观设计，因为这样可以同附近的大商场形成协调一致的效果，同时也能与现代高速运转的社会和谐统一，体现门店的潮流性。

传统民族风格的外观常给人以古朴殷实、底蕴丰厚的心理感受。许多百年老店，其整体风格和外观装饰等都已在消费者心中形成固定模式，所以，保留其传统的外观风格更能吸引顾客。当然，对于一些经营具有民族特色的门店，比如仿古商品或旗袍一类的服饰店等，最好也要采用传统风格，或者直接将门店开在一个充满古朴色彩的商业街中，使其门店的风格与整个商业街的风格相融合。

2. 门店招牌设计

门店招牌在导入功能中扮演着十分重要的角色，它应是最引人注目的地方。因而门店招牌的设计和安装，必须做到新颖、醒目、简明，它既要美观大方，又要能够引起顾客的注意。总的来说，门店招牌的设计和装饰应当考虑以下内容。

（1）招牌的位置与形式

招牌的位置，有平行放置、垂直放置、纵横放置等。其造型也多种多样，独特的造型对于顾客来说具有很强的吸引力，可以达到以招牌吸引顾客的目的。同时，不同的光照效果，也会给顾客带来不一样的情感体验，比如绚烂多彩的光照可以给顾客制造热闹和欢快的气氛，从而使门店更具吸引力。

招牌的形式、规格与安装方式，应力求多样化和与众不同，既要做到引人注目，又要与店面设计融为一体，给人以完美的外观形象。招牌的材质有多种，比如木质、石材、金属材料，还可以直接镶在装饰外墙上。招牌的安装可以是直立式、壁式，也可以是悬吊式的。

（2）招牌的内容设计

招牌的制作与使用，可直接反映商店的经营内容。因而，将招牌制作成与经营内容相一致的形象或图形，能增强招牌的直接感召力。比如，在服装店的招牌内容设计上，女装店可选择时尚感强的招牌；对于以经营西服为主的男装店，其招牌要显得庄重，给人以正式感；童装店招牌的内容则要活泼、有趣，能吸引小朋友。

当然，在招牌内容的设计上还要注意字体的大小，内容表达要简洁突出，简明扼要的广告信息不但令顾客过目不忘，还能达到良好的交流目的。

（3）招牌的色彩设计

门店招牌的设计，除了注意在形式、用料、构图、造型等方面要带给顾客良好的心理感受外，色彩选择也不容忽视。在色彩的选择与设计上寻求别具一格更能吸引顾客的注意，因为顾客对招牌的识别往往是先识别色彩再识别店标店徽的。

心理学研究表明，醒目诱人的色彩能产生强大的视觉冲击力，新颖独特的形象也有着不可抗拒的吸引力。所有这些，都能引起人们不同的特殊心理反应。

因而，招牌的色彩运用要温馨明亮、醒目突出，要结合门店的经营特点，给顾客以强烈的吸引力。

（4）招牌的情感设计

招牌设计除了注重表层上的视觉感受外，还应当融入经营者自身对顾客忠实的情感，这样顾客才会信任并忠实该门店的品牌。

3. 门店橱窗设计

就好比眼睛是人心灵的窗口，橱窗也是门店设计的核心，橱窗设计的好坏直接影响到门店的客流量。橱窗中展示的物品会对顾客产生潜移默化的影响，它们能带给顾客奇妙和兴奋的感觉，顾客能从中引发美好的心理联想，或梦想着自己能拥有橱窗里面美丽的商品，体会高层次的生活；或梦想着自己能拥有橱窗里那些好的东西——蛋糕或是洋娃娃等。因此，聪明的店主经常将色泽度较高、样式较好或者质量上乘的样品陈列在橱窗中，给人眼前一亮的感觉，以勾起顾客的观赏兴趣与购买欲望。

不过，大多数门店的经营者都觉得自己的橱窗陈列不够突出、吸引力不强。他们对于如何让橱窗更好地发挥其展示功能，达到最好效果毫无头绪。针对这种情况，本书给出以下(1)～(3)的 3 点建议供参考。

（1）应用一些时尚的设计元素

在许多行业，时尚是永远不会褪色的关键词。现代都市的时尚脉动越来越强烈，人们对流行季风的感受也越来越敏感。作为门店的窗口，更是演绎时尚潮流的窗口，橱窗必然要拥有新潮的设计元素，才能吸引过往路人的眼球。

（2）体现艺术和营销的结合

橱窗的作用绝不单单是传达门店品牌的时尚气息，更重要的是用于向顾客推销产品。它的根本目的在于促进门店的销售，传播品牌文化。要实现营销的目标，经营者必然要结合商业的目的和手段，对橱窗中的道具、样品以及背景广告进行精心的组织和摆放，甚至直接使用 POP 海报，以实现立竿见影的招揽顾客的效用。

（3）橱窗内的样品要常换常新

为了保持橱窗内产品形象的新鲜感，很多门店都会经常更换橱窗内陈列的样品，以给顾客造成一种店面内每天都有新产品的感觉。不过，也不是什么样品都能进入橱窗。样品的摆设，一定要体现门店的格调，经典的设计更要有所侧重。

在进行具体的橱窗设计时，为了将其打造成让人赏心悦目的作品，使其变为门店吸引顾客、招进财源的窗口，经营者必须要掌握以下(4)～(6)的 3 个技巧。

（4）争取做到让顾客过目不忘

顾客脑海中是否留有店面的印象，对以后是否会来消费有直接的影响，门店的创意在此处发挥着举足轻重的作用。只有与众不同的创意才能让门店形象通过橱窗设计“植入”顾客的大脑，带来持久的宣传效果。

（5）生活化与故事情节的结合

调查显示，构思一些生活化场景能使顾客感到亲切自然，产生共鸣。无论是家居生活的再现，还是野外旅游环境的展示，或是某种动画情节的再现，都能使橱窗设计最大化贴近顾客的内心，让顾客产生购买的需求。

（6）立体化、多维空间的设计

平面化的橱窗设计让顾客看久了难免感到枯燥和乏味，因此别出心裁的立体设计就显得很有必要了。多维空间的利用，能充分展现经营者对动感和文化艺术色彩的追求，更能从不同角度给顾客带来视觉冲击力。

4. 出入口设计

在设计门店出入口时，必须考虑门店的营业面积、客流量、地理位置、商品特点及安全管理等因素。出入口是驱动消费流的动力泵，好的出入口设计要能合理地使消费者从入口到出口，有序地浏览全场，不留死角。如果设计不合理，就会造成人流拥挤或顾客没办法看完全部商品便到了出口，从而影响销售。

出入口的设计可以根据店面的格局来制定，如果店面是规则店面，出入口一般在同侧为好，以防太宽使顾客不能走完，留下死角；如果店面是不规则店面，则要考虑到内部的许多条件，设计难度相对较大。当然，无论什么样的格局，店门的设计都应当是开放性的，设计时应当避免让顾客产生“幽闭”“阴暗”等不良心理，从而拒客于门外。

5. 外部照明设计

这里的外部照明主要指人工光源的使用与色彩的搭配。外部照明设计得好，不仅可以照亮店门，改善门店的视觉环境，而且能渲染商店气氛，烘托环境，增加门店门面的形式美。它主要包括外部装饰灯照明、招牌照明和橱窗照明。

（1）外部装饰灯照明

装饰灯一般被用在店门前的街道上或店门周围的墙壁上，主要起渲染、烘托气氛的作用。

（2）招牌照明

招牌照明一般是通过霓虹灯的装饰来实现的。霓虹灯不但可以照亮招牌，还可以增加门店在夜间的可见度，制造热闹和欢快的气氛。

（3）橱窗照明

橱窗内的亮度必须比卖场的高出 2 ~ 4 倍，当然，过于强烈的光也不可取。橱窗的照明应当尽可能在反映商品本来面目的基础上，给人以良好的心理印象。

背景音乐的选择有讲究

音乐无国界，地球上任何种族对音乐有着几乎一致的感觉，舒缓轻松的音乐让人心情愉悦，激情迸射的音乐让人精神振奋，低沉徐缓的音乐让人感到孤独失落。总之，背景音乐以其不同的调性影响着受众的情绪。即便是在商业场合，音乐依然影响着消费者与营业员的心理状况。比如，逢年过节，在中国以喜庆为主的音乐几乎在每个大街小巷都会播放，而消费者也会在音乐的渲染下充分感受到节日的气氛。

如果把门店终端看成是一个人的话，那么店面装修则是商店的“衣着”，而背景音乐则是它的“嗓音”。所以，每个商家都应该有属于自己气质的音乐，以达到“听其声而识其人”的效果，便于消费者更好地认识商家，理解商家，记住商家。

好的音乐可以营造美妙的购物氛围，调整顾客情绪，让顾客在轻松、舒适的购物环境中拥有更好的购物体验。除此之外，它对营业员工作态度的影响也是不容忽视的，积极还是怠倦，营业员的任何情绪都会影响到门店的销售情况。

总而言之，购物环境舒适与否直接与门店商品的销量挂钩，而门店的背景音乐便是购物环境的重要组成部分，是影响消费者购物感受的一个重要因素。门店背景音乐直接体现着品牌文化与品牌定位，而音乐编排与设计得好坏，决定了消费者是否停下脚步进店选购。可见，音符虽小，不可小觑。它对于商品销售起着推动或阻碍作用。

那么，面对浩瀚的音乐海洋和众耳难调的尴尬，作为商家应该怎样用具有特色的音乐背景，来为顾客创造一个优美的购物环境呢？

1. 根据商家的企业文化、店面规模，确定背景音乐

门店背景音乐的选择应当围绕企业文化的内涵来进行，要突出企业文化的独特性。比如有些门店品牌讲究亲和力，那么背景音乐就要选择旋律轻柔舒缓的，以营造温馨的气氛，使消费者了解并认同企业品牌的文化，从而接受企业的产品；有些门店需要凸显青春活力的气质，那么，背景音乐就要选择热情奔放的激昂歌曲。

当然，店面的规模也是选择背景音乐时需要考虑的因素之一。一般小型店面的选择面要比中高档商场的选择范围广。小型店面可以根据自身的具体情况选择合适的背景音乐，而中高档商场一般要选择高雅、大气的乐器和旋律，要与商场的定位相吻合。

2. 根据经营商品的品牌特点，确定背景音乐

在选择背景音乐方面，商家还要结合自己的产品类型及特点，不然很可能会起到相反的效果。比如，在运动品牌专卖店播放着柔柔的女声情歌，高档淑女品牌专卖店播放激情昂扬的军歌，在老年人品牌专卖店播放偶像组合的流行歌曲等，多少就有点不伦不类了。

因而，经营者应当正确认识自己所经营的品牌的特点，比如服装店，经营者就要明确自己经营的是休闲装、淑女装、职业装，还是引领潮流的时装，从而根据品牌的特点有针对性地选择合适的背景音乐。

3. 根据顾客的年龄特点选择背景音乐

经营者在选择歌曲时还要考虑到顾客的年龄因素。如果是中老年的品牌定位，就不能播放热烈激情的歌曲，一般中老年人不喜欢此类歌曲，会认为那是噪声；如果是年轻化的定位，就可以播放一些年轻偶像团体的流行歌曲。这样就能与顾客产生共鸣，也许顾客会因为喜欢某首歌曲，认同某首歌曲，而让她（他）此次的购物经历成为一种美好的回忆，从而认同商场，对商家留下深刻而美好的印象。

一般情况下，如果消费群体是 30 岁以下的年轻人时，应该多选择一些流行歌曲；如果消费群体是30岁以上的中年人，就应该多选择一些轻音乐，即以电子琴、钢琴、小提琴等乐器为主的舒缓曲目。

4. 根据不同时段选择歌曲

比如，在春节、元宵、圣诞节、情人节等某些特定的节日里播放一些特定的节日乐曲。

当然，时段的划分还可以细致到一天的早、中、晚。比如，早上开门迎宾时可以播放一些欢快的迎宾乐曲，或者清新自然的歌曲，尤其是在客流量较大的时间段，可以播放欢快的流行歌曲；中午可以播放一些愉悦、休闲的曲调；临打烊时，可以播放轻缓的送别曲。

背景音乐选定之后，经营者还要注意播放背景音乐时的以下一些注意事项。

①音量不宜过大，以顾客感觉舒适、不影响营业员与顾客之间的交流为宜。

②节奏不宜过强，节奏过强会让顾客感到烦躁，影响顾客的购买情绪，同时营业员长时间处于此种音乐环境中会感到焦躁不安，影响工作情绪。

③适时调整，每隔一段时间，店长要针对背景音乐的播放做好调查评估工作，访问对象包括门店营业员、进店消费的顾客以及他们的陪同者等，以调查结果为依据做好背景音乐的调整修改工作。

④长期坚持，店长要将此项事情当成每日工作任务的一部分，对顾客的影响需要长时间的坚持和投入。

确定门店的装修风格有讲究

现如今，门店的装修风格越来越受到重视，因为它带给顾客的不仅仅是一种视觉上的美观，更可以让客户有一种全新的体验，进而影响到顾客的心情以及是否进店消费的决定。一般而言，门店的装修要给人一种安逸、闲适的氛围，让顾客在一种非常舒适、放松的状态下挑选商品。要想达到这样的理想效果，店长需要在店面的装修风格上花些心思。

装修风格这个话题已是老调重弹了，却又是每一个门店经营者不得不涉及的话题。那么，店面的装修风格应该如何确定？店长应该要注意些什么呢？

首先，在选择装修风格时店长需要考虑 3 个因素，一是资金问题，装修风格的不同，所需要的资金也大有差异，店长必须明确什么样的装修是在自己可以承受的范围内的；二是最好不要与附近同类型商店雷同，门店需要有自己的特色，才能给顾客留下不一样的印象，从而吸引顾客光顾；三是门店的装修风格必须与自己的产品气质相符，这样才能衬托出产品的外观特性。谁都知道，装修是讲究美感与布局的，而更关键的一点，是要突出自己所售产品的特色。

其次，店长要对装修风格的整体运营进行思考了。店长需要认真思考自己所销售的产品最突出的特色在哪里。如果产品趋向于年轻化，在装修时就要突出青春活力的特点；如果产品是主打高端路线，在装修时就要给人一种高贵华丽的感觉……那么，具体应该如何确定装修风格？如何进行材料搭配呢？店长可以从以下 3 个角度入手。

1. 确定门店的装修风格

门店装修要根据风格决定店面的主色调。“萝卜青菜，各有所爱”，每个人的审美观点各不相同，装修也会跟随业主喜好的不同而有所不同，不过大体上来讲，装修的主要风格可以分为以下 4 种。

（1）自然风格

自然风格也被称为乡村风格。它讲究的是贴近自然，给人营造一种清新淡雅的感觉，因而这种风格在色彩的选择上，多选择木色以及绿色为主色调，配以体现自然色的淡蓝色。

（2）简约风格

简约风格也就是现代化风格或北欧风格。它强调的是现代感和欧化风情。因而这种风格在房屋色彩方面多选择银灰、白色为主色调，配以较鲜艳的配饰进行搭配。简约风格具有在视觉上扩大空间的效果，所以特别适合小户型店面。

（3）复古风格

复古风格也就是古典风格。它强调的是古典感与传统感。现在这种风格已经不再专属于中老年朋友的偏好，越来越多的年轻人也更偏向于古典风格。这种风格的颜色搭配多选用华丽的金色以及可从大理石上看到的云斑色等。

（4）混搭风格

混搭风格是现在比较流行的现代风格与古典风格的结合。首先，混搭风格设计得好，一般可以兼具不同风格的优点，比如现代风格与古典风格的混搭，既可以达到现代风格的扩大空间的装饰效果，又可以增添古典风韵。

2. 确定门店的色彩搭配方案

门店装修要注重色彩搭配。不同色彩的运用可以给店面带来不一样的整体风格，从而带给顾客不一样的心理反应。店面装修色彩的搭配法则无外乎如下 3 种。

（1）协调色调

协调色调更容易给人带来舒适感，柔和的色调，没有太大冲突，为顾客带来宁静的感觉。这种色调搭配易于把握和运用，富于变化且让人感觉和谐愉快。

（2）对比色调

采用强烈的对比色，比如冷暖对比色，或者是不同肌理之间的对比使用等。现如今这种装修风格也已成为一种主流，强烈的对比更容易吸引顾客的眼球，让顾客进店光顾。

（3）混合色调

相较于纯色而言，混合色调，比如粉紫、薄荷绿、粉橙等显得更加明亮。这些色彩往往是门店中的重要角色。这些混合色彩，低调和谐，轻描淡写，安宁静谧，不表达明确的态度，却可以带给顾客不一样的舒适感和强烈的印象。

3. 确定门店的装修材料

门店装修要注重装修材料的选择。经营者在选中门店的风格和色调以后，就将进入到门店装修的重点——装修材料的选择。根据门店装修风格的不同，装修材料的款式也应该对号入座。比如，自然风格当然对应天然材料，此时，木质材料或木色金属材质都是不错的选择；简约风格起源于现代派的极简主义，所以材料选择上可以多采用带有金属材质的木制品，再加上一些玻璃或镜面作为装饰；复古风格强调的是古典感，讲究内部装饰丰富多彩，精致与粗犷并重，浪漫与高雅融合，尽显贵族气息，因而可以多用实木材质，当然文化石也是不错的选择。

活用商品陈列技巧带动门店业绩

商品陈列已经成为一门重要的学科知识，它是无声的导购员，也是无声的促销员。巧妙的商品陈列所带来的利益已经是任何一位商店经营者都不可否认的了。对此，店主要面临的最大问题，就是如何利用有限的空间、精巧的陈列技巧创造出最大的利润。

1. 商品陈列的要点

商品陈列的要点主要包括以下几方面。

（1）对产品进行分类

商店经营者应当先将产品按季节、品类、系列、性别款号、色系、属性、尺码等标准进行分类，以产品系列为单元，综合运用各功能要素对其进行合理组合、构成，并调配各展示面内商品的比例容量。要尽量避免形成视觉压力，产生负面效果。

（2）为主导商品设计对应的宣传

虚实对比，点面结合以强化品牌内涵和产品魅力，提高其价值感。

（3）明确展示面的焦点

确定店内每一个展示面的焦点，以此明确主体并有序引导消费者的注意力。

（4）产品陈列要有特定的主题和风格

产品陈列要突出主题、表达氛围和格调，要注意通过鲜明的风格和针对性、适应性来强化整个产品系列的形象。

（5）对产品陈列进行综合检测

商店经营者可以通过制定门店展示日常维护检查表，并结合各种功能要素对产品陈列的情况和效果进行全面评估、分析。

（6）要对产品陈列进行日常维护、跟进和相关培训

门店陈列的日常维护主要包括货架的清洁、货品的保护（整烫），以及展示模特的更换等。此外，要安排专人跟进店内的陈列变动，由店长进行督察和指导。

2. 商品陈列的重点

商品陈列的重点主要包括以下几方面。

（1）门店的展示台陈列

当顾客迈入门店的瞬间，最先映入眼帘的便是展示台，展示台是商品的陈列中心，它的装饰要以让顾客体会卖场的推广主题和品牌定位为目的。

（2）门店的整体陈列

门店的整体陈列是将顾客吸引到店内的第一张王牌，因此，门店的整体陈列是吸引顾客的第一站，应将它视为重点来装饰、安排。

（3）卖场通道陈列

卖场通道是营造商品广告效果的重要站点，因此要把商品中最具魅力的商品尽量加以展示，吸引顾客不断往门店内部前行。样品陈列及广告效果是否得当，可以从顾客前进方向的不同而得知卖场陈列是否合理。

3. 商品陈列的技巧和方法

门店经营者应当掌握商品陈列的一些具体的技巧和方法。

（1）通过系列化陈列来展示商品

商品系列化陈列是商品陈列的基础，它可以让顾客根据系列来寻找并购买自己所需要的商品，节约购物时间和所需精力。系列化陈列的准则在于，墙面及器架的每一陈列面应展示相同系列的商品。

（2）通过平衡对称陈列和非对称陈列来展示商品

平衡对称是一种比较简单的陈列方式，它传递出的是一致性的视觉效果，可以使商品的布置显得有条不紊。平衡对称陈列的准则在于：首先，要确定陈列中心，以中心为基准向两边对称排列；其次，器架配件及商品陈列的紧凑程度要合理，留出适当的空间；再次，陈列商品时应保持上下基线一致，切勿参差不齐；最后，还要注意商品的款式、色彩、体积及数量上的平衡对称。

非对称陈列也是展示商品的一种不错的陈列方式，它可以给顾客带来比较新奇的视觉感受，从而吸引顾客的注意。

（3）通过搭配陈列来展示商品

搭配陈列是指按商品的层次进行搭配陈列以推动连带销售。它多用于模特、展台、器架商品的陈列。搭配陈列的准则在于，首先，产品的放置方式要多样化并相互结合，比如可悬挂商品，可以通过正挂、侧挂、叠放相结合的方式来陈列；其次，要保持简洁、自然的风格，切勿累赘、臃肿；最后，要尽量使搭配展示的每件商品得到充分、直接的展示，以便消费者进行选择。

（4）通过商品的多样化陈列来展示商品

实现整体陈列的多样化，可以使商品的陈列面更具立体感，让消费者获得更加丰富的商品信息和视觉享受，从而产生购买的欲望。商品多样化陈列的准则在于，首先，主体商品与配件品要相结合；其次，商品的放置方式要多样化；再次，陈列面形成深浅有序、错落有致的效果；最后，合理布置叠放商品，产生以颜色色块和立体图案来分割整个陈列面的效果。

（5）通过重复陈列来展示商品

商品的重复陈列有助于营造门店商品丰富的视觉效果，商品重复陈列的准则在于，首先，商品款式不足时，可选用已陈列的款式补足，避免器架留出过多的空位；其次，水平陈列时要避免款式过多过杂，纵向或叠加陈列时每列为一种款式。

（6）通过定期变动陈列品来展示商品

商品陈列长期不变或者频繁变动对于门店经营来说都不是好事。从顾客的角度讲，大多数顾客喜欢商品摆放相对固定。这样，当他们再次光顾门店时，就可以减少寻找商品的时间，提高购物效率。针对顾客的这个心理，门店经营者不妨将物品放在固定的地方，方便顾客选购。

但如果长期如此，又容易给顾客造成一种陈旧呆板的感觉，也会影响顾客对其他物品的注意。因此，门店经营者要在坚持商品陈列相对不变的基础上，定期调整货架上的货物，使顾客在重新寻找所需物品时，还能关注到其他物品，从而产生耳目一新的感觉。

（7）通过商品陈列的色彩搭配来展示商品

有序的色彩搭配会使卖场的主题鲜明，从而形成强烈的视觉冲击力，易于消费者识别与挑选。一般而言，同类色的搭配容易给人一种柔和、有秩序、稳定和谐的感觉；对比色的搭配容易给人带来强烈的跳跃感和强大的视觉冲击力，有时候更能吸引顾客的注意，引发顾客的购买欲。

案例　经营靠门面

2013 年从事批发经营的张先生和李先生合伙租下了 A 市富力商厦的一至三层，他们决定在一楼经营包类商品，在二楼和三楼经营服饰，并于 2013 年 7 月 1 日隆重开业。刚开业的那几天，由于店内经常搞促销，他们的客流量还是比较多的，但促销活动过后，光顾他们门店的顾客明显变少了。尽管后来他们为了吸引客源，也会不时地开展一些促销活动，但效果都不是很理想。

2014 年元旦前，张先生和李先生决定调整经营的产品结构：不卖包类商品，专门经营服饰。就连价格上也进行了大幅度的调整，基本以平价出售。这在繁华的商业街中是比较少见的，但即便如此，他们依然没能吸引到理想的客流量，实现预期经营目标。

张先生和李先生苦恼了很久，他们甚至想过要退出零售市场，但又不甘心就这样放弃好不容易经营起来的事业。最终，他们请教了一位门店经营与管理的培训师，培训师陆女士在考察了他们的门店之后，发现了他们门店经营失败的主要原因在于店面的形象上。

首先，张先生和李先生的店面外观设计过于简陋。店面的外墙由于多年没人保洁和维修，已经失去了原来的色彩，顾客进店前首先看到的是锈迹斑斑的墙体；店门口也堆积了很多杂物，那些甩卖的商品与杂物被随意摆放在了一边；门店的招牌也是陈旧不堪。整个店面的外观不仅没有向消费者展示自己商店的经营特色，还让消费者觉得混乱不堪，因而很难吸引顾客的眼球，勾起顾客购买的欲望。

其次，他们店内的购物环境比较差。从商品的陈列角度来说，他们的商品被如出一辙地陈列在了陈旧、灰暗的陈列架上，使商品的个性和色彩暗淡；从门店的视觉效果上看，他们店内的色彩没有整体的规划设计，颜色比较单调，而且主要以冷色调为主，不能给消费者形成视觉上的冲击；从商店的设备来说，商店里的自动扶梯长年不开，也没有供顾客休息的座椅，没有背景音乐，没有明亮的灯光，没有重点照明和辅助照明；从店内的员工着装上而言，销售人员没有统一着装，消费者有什么疑问通常很难找到服务人员。这种沉闷压抑的购物环境使顾客对商店的信任度和满意度大大降低，从而很难做出购买决定。

最后，他们店内商品的陈列方式没有创意。人们关注某一商品的时间通常为前7秒钟。在这7秒钟的时间内，产品的视觉表现力是决定顾客是否购买的主要因素。但张先生和李先生他们店里所有的鞋子都被平放在陈列架上，没有醒目的品牌标示，消费者到店内很难在最短的时间里找到自己所喜爱的品牌。

经过陆女士的指导，张先生和李先生终于找到了门店经营失败的原因，并开始着手改善门店的形象。经过一系列专业的装修与设计，他们的门店焕然一新，经营收益不断增加，门店的竞争力也大大增强。

案例分析

有句话叫作“经营靠门面，店雅客自多”，一个门店的形象带给顾客的是最为直观的视觉和心理作用，门店形象的层次在一定意义上决定了买家对门店产品的信任程度。要想成为一名优秀的店长，必须在店面形象上下足功夫，包括店面外观的设计、门店内部的设计、灯光照明设计、产品陈列设计等。只有拥有良好的店面形象，才能吸引客户，受到客户的信任，门店的营业收益才会不断提升。

第 7 章

市场攻防有诀窍
——金牌店长的经营谋略

了解竞争对手，做到知己知彼

俗话说，知己知彼，百战不殆。门店经营同样要做到对自己和竞争对手的情况有所了解，要善于发现竞争对手的优缺点，结合自身的优缺点进行详细分析，制定更加完善的门店经营谋略，这样才能更有效地提升门店的竞争力。

自 20 世纪 90 年代以来，北京烤鸭店的数量、消费量逐年上升，烤鸭从原先的高档菜变成了普通的菜品。北京市场上的烤鸭价格因品牌不同而逐渐拉开了差距。一般无品牌的烤鸭价格多在几十块钱，中低档烤鸭价格在 70 元左右，中高档烤鸭价格在 100

元左右，高档烤鸭价格则在 200 元左右。全聚德作为北京烤鸭店的领头者，独占了烤鸭的最高端部分，它的烤鸭每只可以卖到 300 多元。

然而，全聚德同样受到其他经营门店和品牌的“威胁”。比如北京市场中，在产品档次上与全聚德烤鸭店比较相似的“便宜坊”“鸭王”“九花山”“大董”等多家品牌烤鸭店，此外，还有外地来的高档餐饮店。这些外地来的餐饮店所经营的餐饮主要以各地的地方风味为主，它们凭借着自身的特色，给全聚德带来了较大的冲击。比如顺峰，与全聚德主要消费者为游客不同的是，顺峰能够抓住高端商务人群，在异地扩张中也拥有较强的竞争力。

从上述案例中可以发现，全聚德烤鸭店的竞争对手除了“便宜坊”“鸭王”等烤鸭店外，还有位于其门店附近的外地风味餐馆。由此可见，所谓的竞争对手，并非所有的同行业经营店，而是那些地域位置相接近，销售的产品、门店的服务层次或档次、消费群体等相似或相同的门店。

对于任何一个行业而言，竞争是必然存在的，并且存在于同行乃至非同行门店之间。要应对竞争对手，平常心和过硬的专业本领是必要的，它可能使一切的竞争转化为良性竞争，使得竞争者在互相追赶中各取所长，从而形成一个成熟的市场环境。

那么作为一个门店的经营者，要如何做到知己知彼呢？

1. 了解竞争对手的经营体系

想要了解竞争对手的经营体系，门店负责人可以从竞争对手的营销人员素质与智能、销售人员的工作模式、销售渠道、公关、物流、服务、动态回款周期以及收款方式等着手。

2. 了解竞争对手的组织架构与经营实力

了解竞争对手的组织架构与经营实力，主要包括竞争对手的部门架构、团队组成、公司性质和背景、工厂产能和产量、销售情况、经济实力、企业形象和文化以及历史事件等。

3. 了解竞争对手的市场情况

经营者对竞争对手的市场情况要做必要的了解，要定期分析其市场占有率。在计算市场占有率时，还要根据不同的区域和领域的调查数据统计进行判断和裁定。

4. 了解竞争对手的产品

了解竞争对手的产品，尤其是门店地域比较接近的同行业竞争对手，经营者要加强对其产品价格、性能、质量、附加值、稳定性、产品组合等的调查和了解，并对其优势进行创造性的学习和借鉴。

5. 了解竞争对手的客户分布

了解竞争对手的客户分布，主要包括对手的客户分布区域、行业侧重面、各区域市场的经营状态等。

6. 了解竞争对手的技术

了解竞争对手的技术，包括各竞争对手原材料的采购、技术人员素质、研发实力与动向、生产设备、生产管理、生产人员素质等。

7. 留意竞争对手的领导者

领导者是门店经营发展的指挥者，门店的成功，很大程度上依赖于经营者的专业精神和技能素养。对竞争对手的领导人进行分析，分析的内容主要包括姓名、年龄、性别、教育背景、主要经历、培训经历、过去的业绩等。当然还要清楚竞争对手主要领导者的变更情况，分析领导者的更换对竞争对手门店的发展所产生的影响。

8. 其他

了解竞争对手还需要从几个细节入手，比如竞争对手的营业状况、其在服务等方面的优缺点、所服务的顾客类别、价格策略和定价策略以及竞争对手门店的面积与座位的周转率等。

当然，实地考察是关键。经营者应亲自或者委派一名职员对竞争对手进行实地考察。通过观察、侧面询问、结账等环节来了解对方的产品、服务、价格、环境、顾客等信息，掌握竞争对手的动向，在发现对方存在不足时，要积极想办法改进，争取到对手失去的客源。

总之，门店经营者要对竞争对手进行系统、全面的调查了解，根据调查过程中收集到的信息进行整理分析，为每个竞争对手建立独立的电子档案，并不断加以补充完善，以此来反观自己，不断提升自己。

控制成本投入

为了进一步提高门店的效益和竞争力，让门店创造利益最大化，并在众多同行中脱颖而出，门店经营者可以在日常管理的细节上精打细算，控制投入成本。

在当前的市场环境下，门店之间的竞争其实就是价格竞争、质量竞争和成本竞争。价格、质量和成本三个方面的竞争之间有着密切的联系，通常在保证商品或服务质量的情况下，降低商品或服务的成本是门店创造更多利润的有效手段。有效控制成本，提高利润，是体现一个门店管理者经营管理能力的重要依据和标准。

门店的成本主要包括前期装修成本、原材料购买成本和经营成本。

1. 控制前期装修成本

前期装修成本主要用在了装修团队、装修材料、门店所需用材和设备等方面。

首先是装修团队的选择。很多人认为装修找“装修游击队”比找正规装修公司要省钱。就短期效益而言，这有一定的道理，但如果从长远利益考虑，却未必如此。与正规装修公司相比，“装修游击队”的装修工艺一般比较差，往往会因不达标而出现返工现象，这样就造成了材料、工时、人力成本等各方面的浪费。所以门店经营者若是打算长久经营，最好选择专业的装修团队，避免后期的麻烦和成本的增加。

其次是装修材料的购买。在门店的整体装修预算中，材料费通常占到30%，一般比设计费和施工人员的工资都要多。要想节约材料费，经营者可以从两个方面着手，一是装修时不要搞太大的改建和扩建，尽量减少工程量；二是在建材的选择上建议选用非名牌的同等级材料，质量差不多，价格更便宜。

最后是门店的用材和设备的购买。门店经营者在门店筹备阶段要经常到建材市场或专卖店逛逛，多了解一些行情，多掌握最新的促销消息，以便购买到价格便宜、质量又好的用材和设备。

2. 控制门店经营成本

（1）了解商品的利润空间

在商品定价之前，经营者首先要了解比较受欢迎的商品及其利润空间。商品的利润分析需要经营者深入到市场去了解、比较，统计好哪些商品既畅销毛利润又高，哪些商品不畅销但毛利润很高，哪些商品虽然很畅销但毛利润很低。根据了解到的情况，经营者还要研究得出结果，控制各种商品的成本，以保证门店的经营能够获得更多的利润。

（2）注意节省人工成本

服务业属于劳动密集型产业，门店的人工成本控制需要通过优化人力资源配置来实现。对此，门店管理者可以通过多种方式来进行人员的有效管理。比如，经营者可以把工作量不足的岗位合并到其他部门；可以采用竞聘上岗的用人方式，激发员工的危机感和紧迫感，提高他们的工作积极性和工作效率；可以采用满负荷工作制的做法，号召员工努力提高自己的能力，成为工作上的“多面手”；也可以聘请一些在工作中安于职守，能够吃苦耐劳，并且具有主动性和独立性的员工。

3. 控制原材料的采购成本

要想控制原材料的采购成本，经营者要制定严格有效的采购制度；要拓宽采购信息来源；要选择适合自己的供应商；要定期对采购人员进行培训，提高采购人员的采购谈判技巧。

注意做好防御工作

门店经营者在经营门店或扩大其市场规模时，必须保有自己现有的业务和顾客群，使其免受竞争对手攻击。要保护固有的市场，最为基本的防卫方式是不断创新，即门店经营者首先不能满足于现状，要尽可能在新产品构思、顾客服务和削减成本等方面做大做强；其次，经营者要不断提高自身的竞争能力，不断提高为顾客提供的价值；最后，在门店经营过程中，经营者应当采取积极主动的进攻或防御策略，掌握市场竞争的节奏，让自己始终处于竞争优势地位。

世界上最大的快餐连锁店麦当劳，曾因食品成本、燃料成本上升以及其他快餐连锁店，尤其是外国风味快餐连锁店的威胁，而造成销售量的停滞不前。但麦当劳并未气馁，而是不失时机地推出了牛肉碎三明治作为防御的武器。新产品的推出为麦当劳销售量的提升做出了很大的贡献。此后，麦当劳又相继推出了麦香鱼、麦克鸡块等产品，通过不断翻新的食品和灵活的销售方式，麦当劳吸引了不少晚上在外用餐的家庭消费者。

这是一个典型的防御案例，面对强大的竞争与现实压力，麦当劳通过食品的创新，利用产品策略来进行反击防御，并取得了不错的防御战绩。

那么，门店经营主要有哪些防御方式呢？

1. 阵地防御

一般而言，已经具有一定实力和地位的门店为保护其现有的产品市场会采用阵地防御的策略，但阵地防御并不意味着只是单纯地防守现有阵地或产品。在现代市场竞争中，即便是可口可乐、高露洁这样的世界名牌产品，也很难将其传统阵地当作自身发展的主要利润来源。比如高露洁，除了经营牙膏产品外，它还收购了纺织品、化妆品、运动器材及食品公司等。

2. 机动防御

这种防御策略要求门店经营者除了要防守现有的市场份额，还要为未来防御和进攻做好战地准备，把目标市场扩展到新领域或新目标市场上去。实施机动防御需要把握时机，最好是在竞争对手站稳脚跟之前给予迅猛攻击。

3. 撤退防御

当门店在某方面产品的经营过程中面临的竞争对手过多、过强时，门店经营者应当从市场进行有计划的撤退。撤退防御并不等于放弃现有市场，它的目的在于放弃薄弱的经营领域，集中力量经营其较强的方面。

4. 以攻为守

以攻为守要求店长在竞争对手抢占门店的目标市场之前，先发制人，做到防患于未然。但有时候以攻为守的防御方式并不一定要付诸行动，它可以通过发出相应的市场信号，起到一种心理作用，迫使竞争对手取消攻击，或吓跑竞争对手。

5. 反击防御

在阵地防御、先发制人的攻击战略都无法取得成效的情况下，门店经营者就必须向竞争对手发起反击，以维护自身的权益。店长可选择迎击对方的正面进攻、迂回进攻对方的侧翼，或发动游击进攻等方式进行反击。当市场占有率损失过快，店长必须加以打击，而当竞争对手的攻势太猛时，店长可以考虑以后发制人的方式进行反击防御。

市场进攻的策略

刚进入市场不久的市场挑战者，与在同行业中占有最大份额的市场领先者相比，它们在价格变动、新产品导入、分销的覆盖面及促销的力度上都不可能与之相抗衡；与邻近地域级别相似的竞争者相比，实力又相差无几，那么，这些门店要如何在这种强大的竞争压力下获得更多的市场占有率呢？这就需要它们的经营管理人员采取必要的市场进攻策略。

常见的并且比较实用的市场进攻战略主要有以下五种。

1. 正面进攻

正面进攻是属于针尖对麦芒式的直接进攻，其基本目标在于直接从竞争者的现有顾客中夺取大量重复或替代性购买，它的集中力比较强，但风险也比较大。进攻者需要集中资源正面指向对手的实力，向对手的优势发起攻击，而不是攻击对手的弱势。因而，这种攻击方式所获得的结果往往取决于双方的实力和持久力。

要想发起正面进攻，进攻者自身必须具备比较强大的优势，如果进攻者的实力或持久力等小于目标竞争者或是与目标竞争者相差无几，则正面进攻相当于自杀和毫无意义的行为。另外，在目标竞争者的选择上也需谨慎，最好选择资源和能力相对有限或者因某些原因难以承受直接打击的目标竞争者。

正面进攻的类型主要包括完全正面进攻、有限正面进攻以及以价格为基础的正面进攻。

（1）完全正面进攻

在完全正面进攻中，挑战者可以针对对手的产品、广告、公关、价格、促销、包装等发起攻击。完全正面进攻要想奏效，挑战者的经营优势是关键。

正面进攻最为典型的案例之一就是百事可乐与可口可乐之间的市场争夺战。

百事可乐诞生时，可口可乐已经处于如日中天的地位。为了抢夺市场，百事可乐做了长久的努力，并在20世纪70年代末打了两场十分出色的全面进攻战。其中一场就是百事可乐在达拉斯做的品尝试验，百事可乐将自己的产品和可口可乐的产品都去掉商标，分别以字母 M 和 Q 做上暗记让消费者品尝。试验的结果表明，百事可乐比可口可乐更受欢迎。依据这次试验，百事可乐的合作广告公司 BBDO，开始以“可口可乐的忠实主顾选择标有字母 M 的百事可乐，而标有字母 Q 的可口可乐却无人问津”的广告画面进行大肆宣扬。广告宣传最终完全达到了百事可乐和 BBDO 公司所预期的效果，由此，百事可乐的销量开始猛增。

（2）有限正面进攻

在现代市场竞争中，有限正面进攻主要是通过抓终端、抓重点客户来实现的。它是挑战者将注意力集中到从竞争对手那里吸引特定顾客上的一种正面进攻方式。一般烟酒类、饮料类、洗车机械类产品在进行市场开发时，经常使用这种方法。

（3）以价格为基础的正面进攻

这是最常用的正面进攻策略之一。这种策略的实施要想取得良好的效果，需要满足一定的条件，首先，挑战者自身的品牌在实用性、质量等方面与领导者的品牌不相上下；其次，领导者对于挑战者采取的价格策略不会针锋相对地进行价格反击。

对以价格为基础的正面进攻策略的运用，最为典型的是美国海伦·寇的斯公司。

寇的斯公司经常模仿洗发水行业内的高价品牌来制定预算，并且以炫耀性的比较性广告进行大张旗鼓的促销宣传活动；它以“我们做的产品同他们的一样，但价格少一半”的宣传口号，着力于说服顾客相信它的产品在质量上与高价的领导型品牌完全相同。比如，20 世纪 70 年代中期，该公司就是通过上述方式，将舒惠牌洗发露的市场占有率从1%向上迅速提升，甚至是超过了宝洁公司的海飞丝和庄臣公司的婴儿洗发露的市场占有率，并最终坐上了市场销售量冠军的宝座。

2. 侧翼进攻

侧翼进攻是指挑战者避开与竞争者的正面进攻，转向竞争者还未开发和发掘的一些主要细分市场，吸引那些需求还未被现有的产品满足的潜在消费者的一种进攻策略。侧翼进攻主要运用"声东击西""出其不意，攻其不备"的军事思想，往往会使竞争对手措手不及。这种进攻策略对那些拥有资源少于竞争对手的挑战者有较大的意义，因为它们所面对的竞争对手通常在市场营销和研发上都具有强大的资源和能力，对直接攻击具有较强的承受能力，此时挑战者若是直接进攻，无异于是在以卵击石。

侧翼进攻的有效实施也需要一定的市场条件、挑战者自身的能力条件等。首先，整个市场必须具有两个或更多主要的细分市场，具有明显的需要和购买标准，而且至少有一个细分市场中的消费者需要没有被现有品牌满足；其次，挑战者自身虽然不具有强大的资源和能力，但其现有能力足以有效地渗透和服务于一个主要的市场细分。

侧翼进攻主要有四种类型：产品方面的侧翼、价格方面的侧翼、促销方面的侧翼以及分销渠道的侧翼。

（1）产品方面的侧翼

针对目标顾客的需要和偏好，为他们提供竞争对手还未开发的产品性能、产品样式和服务等。当然，门店所推出的新产品不一定要与竞争对手全然不同，只要有其创新和独到之处，能够被潜在消费者所感知就可以。比如美国的米勒酿酒公司，它就是运用市场细分的方式，在进行广泛的市场调研后，推出了新型淡味啤酒“莱特”，大大增加了顾客的购买率，提高了销售额。

（2）分销渠道的侧翼

针对未被开发的主要细分市场建立独特的分销渠道。比如一直以直销方式经营的戴尔公司，在业绩压力下，后来决定以更多的销售模式来替代直销模式，在中国，神州数码、翰林汇、长虹佳华、讯宜等都是戴尔的分销商。

（3）价格方面的侧翼

门店通过利用有效的价格策略，比如从高到低阶梯性的价格设定等，迅速建立选择性需求。

（4）促销方面的侧翼

针对潜在消费者的特殊偏好和需求设计广告，进行人员推销或销售，从而刺激选择性需求。比如本书前面提到的七喜汽水的“不含咖啡因”广告，它就是典型的促销上的侧翼进攻。

3. 游击进攻

在敌强我弱的情况下，游击进攻对资本不足的小门店而言是最好的选择。这样的小门店因自身不具备明显的优势与能力，无法向竞争对手发动正面的，甚至有效的侧翼进攻，于是需要从不同领域进行小的、断断续续的攻击，以达到骚扰对方，使对方士气衰落，并最终获得永久据点的目的。

4. 包围进攻

包围进攻是指挑战者在几条战线上同时发动一个大的进攻，包围竞争对手的前方、边线和后方，以深入敌人的领域之中。包围进攻要求进攻者比竞争对手更具资源优势，可以向市场提供比竞争对手更多的东西，致使这种提供无法被拒绝。

5. 迂回进攻

迂回进攻是最间接的一种进攻战略，它是指挑战者完全避开竞争对手的现有市场而进行的交战行动。这种进攻方式要求门店具有独特的技术优势，绕过竞争对手，攻击较容易的市场，以扩大自己的资源基础。门店可以通过三种方式进行迂回进攻：多样化地经营无关联的产品、用现有的产品进入新的地区市场以发展多样化经营、制造新技术以取代现有产品。

案例 高露洁的迂回进攻策略

成立于1806年的高露洁公司如今已成为全球顶尖的消费品公司，然而，在20世纪60年代时，高露洁公司还一直处在宝洁公司的阴影下苦苦挣扎。

宝洁公司成立的时间比高露洁公司晚，但在经营管理、产品销售上的实力却比高露洁公司强很多。比如，在强力洗衣粉方面，宝洁公司的汰渍几乎是以5∶1的优势击败了高露洁公司的菲波；在肥皂品销售上，高露洁公司一直难望宝洁公司的项背；在餐具清洗液方面，宝洁的市场占有率几乎是高露洁的2倍。

1971年，高露洁公司聘请了大卫·福斯特就任其总经理。在福斯特的领导下，高露洁公司的总体销售额有了很大的提高，仅当年销售额就已经达到了13亿美元，然而，在消费者心目中，高露洁仍然是一个劣等的肥皂和洗衣粉经营公司。

到了1979年，高露洁公司逐渐发展成为年销售额高达43亿美元的企业集团，福斯特认识到，只有向宝洁公司发起进攻才能得到市场的支持。在经过一系列的站前调查之后，福斯特发现，在零售商这一层次上宝洁公司仍然具有强于自己 3 倍以上的优势，而且宝洁公司的研究人员也是高露洁公司的 3 倍。在这种情况下，正面进攻显然无望。于是，福斯特就领导公司团队采用迂回战术，一方面加强高露洁在海外的领先地位，另一方面高露洁开始在国内实行多元化经营，进入宝洁公司未进入的市场，绕道包抄宝洁。为此，高露洁收购了纺织品、医疗药品、化妆品、运动器材及食品公司。

从最终的结果来看，高露洁的实力从原先的不及宝洁公司一半，逐渐发展到现在足以与宝洁相抗衡。通过这些迂回进攻的策略，高露洁迅速崛起并成为市场上的大品牌。

案例分析

门店经营除了依靠门店产品、服务等自身的品质与实力外，还需要店长具有相关的经营计谋以及灵活的谋略运用技巧。案例中的高露洁公司，从其产品销量可以看出，其本身无论是产品还是经营者，都是具有一定实力的，然而却因市场支持不足，一直处于宝洁公司的阴影之下。迂回进攻策略的使用，使得高露洁公司绕过了宝洁公司的现有市场，转向较为容易进入的市场发动进攻，比如国内的纺织品、运动器材、食品公司等，从而扩大了高露洁的资源基地，拓宽了其销售市场，并令其最终取得了巨大的成功。

第 8 章

做好货品流转
——金牌店长的进销存管理

店长要安排好门店的采购管理

采购管理是计划下达、采购单生成、采购单执行、到货接收、检验入库、采购发票的收集到采购结算的采购活动的全过程。商品的采购是现代物流链中的一个基础环节，是整个门店经营的第一步，同时也是门店开源节流的第一个环节。假如在采购的时候走错一步，那么整个门店的经营就会陷入尴尬境地。因此，搞好门店的采购管理工作，对整个门店经营活动的开展至关重要。

首先，制定严格的采购制度。

采购过程中经常会出现一些漏洞，为了防止漏洞的出现，门店经营者应该建立完善的采购制度，提高门店的经营效益。店长可以从以下几个方面做起。

1. 建立规范的原料采购计划和审批程序

首先各个部门的主管、负责人在当天下班之后根据本部门的物资储备情况、经营收支情况来确定物资采购量，然后填写采购单递交采购部门。采购部门根据接收到的采购单，制订具体的采购计划，呈报门店经营者。只有门店负责人签字后，才可以通过书面方式告知供货商。

2. 建立严格的采购询价报价体系

店长要及时督促财务部负责该项工作。财务部应定期对日常消耗的原辅料进行广泛的市场价格咨询，并对物资采购的报价进行分析反馈。始终坚持“货比三家”的原则，在发现价格差异时，应当及时督促纠正。

此外，财务部还要根据市场行情，每半个月召开一次定价例会，对每天的销售商品进行公开报价，然后由使用部门负责人、财务部负责人、库管人员、采购员、物价员等组成的定价人员从质量和价格两方面考虑，对供应商所提供的物品进行公开、公平选择。

3. 建立严格的采购验货制度

库存管理员在采购过程中，必须对物资标准、数量、质量、计划以及报价等履行严格的验收制度。对于数量、价格等信息与采购单上不一致的物品应当及时纠正；对于规格不符、超量进货、质量低劣及未经批准采购的物品要严格拒收；对于一些特殊物品要进行二次验货，并做好记录。在验货结束后，库管员要填制验收凭证。

4. 严格控制采购物资的库存量

店长在控制门店商品的库存量时，需要根据门店自身的经营情况合理设置上下限。假如门店依靠计算机来管理库存量，店长应随时注意计算机发出的各种信号，比如，当计算机系统发出警报信号时，则是提醒管理者及时补充货源；当计算机系统发出危险信号时，则要求管理人员处理滞销商品。店长应根据计算机所发出的这些信号，以及所统计出的数据，及时告知采购部门适当增加某些畅销品的采购数额或削减采购数额。

5. 制定严格的领用及出入库制度

门店经营者还要建立严格的各部门商品领用制度，对于不同的物品，需要执行不同的领用手续以及库存管理出入库手续。

6. 建立严格的报失、报损制度

门店管理中经常会遇到各种物品丢失、变质、损坏等情况，因此，门店管理者应该制定严格的报失、报损制度。首先，由各部门主管按品名、规格、重量填写报损单，填好后上报财务库管，然后由采购部负责人鉴定分析报损品种，再根据鉴定结果签字报损。对于超过规定报损率的商品，门店负责人应当上报上级部门，并说明原因。

其次，制订科学的采购流程。零售店必须制订合理的采购流程，加强对采购过程的监督，提高采购效率，以保证采购商品适销对路以及采购工作顺利进行。确定采购组织形式、确定产品组合、确定货源、分析库存并制订采购计划、进行购货洽谈并签订合同、商品验收入库及付款是采购商品的主要流程。

（1）确定采购组织与形式

门店的采购任务不必店主亲自出马，可委托专门的采购代理商采购，如门店有采购经理，也可交由采购经理办理。在采购的形式上，可分散采购，也可统一采购。分散采购由各个商品部门或柜台自行组织，有利于采购适销对路的产品，减少库存，但不利于资源的统一使用，而且分散采购的进价成本也比较高。统一采购有利于企业统一调配资金及货品，降低进货成本，但缺乏灵活性。

（2）确定产品组合

产品组合是零售店经营商品的类别及项目构成的总称。衡量产品组合的变量包括产品系列数目即产品组合的深度、产品组合的宽度、存货水平、产品系列之间的关联度、产品的价格水平等。深度反映了每个产品品种或系列的齐全性，如款式、颜色、尺寸等，决定了零售店差异化营销的程度；宽度反映了零售店经营产品品种或系列的范围，决定了零售店目标顾客的基本范围；产品的价格水平及存货水平反映了其在产品组合中所占的价值比例及地位。

（3）确定货源

门店的货源主要有三种渠道。

①新设的供应商。

②外部长期合作的供应商。

③零售店自设的生产企业。

无论选择哪一种渠道，都必须考察供应商的品质、可靠程度、交货期、价格、经营权、服务、交易条件、广告宣传及付款方式等。

（4）分析库存并制订采购计划

一些商品的销售具有很强的流行性和季节性，过低的存货水平会产生失去顾客的盈利风险，过高的库存水平又会产生巨大的存货减值风险，因此采购人员应充分利用以往的销售业绩预测库存水平。因为库存风险也会由库存结构的不合理而产生，而库存结构的决策往往是不确定性的，因此在预测库存水平时应保持适度的弹性，并根据销售进度对存货水平进行调整。

（5）进行购货洽谈并签订合同

参考采购计划去寻找供应商，一旦找到合适的供应商可进行有关项目的谈判，如果达成协议，必须由双方共同签订采购合同。采购合同是门店采购人员与供应商签订的合约，合同可以由任何一方提供，但合同中的诸多条款需要双方协商，如价格、折扣、交货期、运输负担、广告促销费用、提前交货的折扣、推迟交货的折扣、现金折扣等。

（6）商品验收入库及付款

采购部门要在供应商交货后及时组织仓库管理人员对货品进行验收，一来查看有无不合适的货品，二来确保新货品的上架时间。如果供应商全面履行了采购合同，货品的数量和质量都没有问题，采购部门应及时通知财务部门，向供应商支付货款。

店长要做好商品的库存管理

门店商品的储存管理是门店经营管理中一个重要的环节。由于商品储存不当而出现商品变质、损坏或是商品的丢失、挪用等情况，这无疑就增加了门店经营的成本，同时也无法保证顾客得到合格、高质量的商品。

加强商品的库存管理，不仅要改善储存设施和储存条件，合理搞好库存物资的安排，还要加强仓库的保管系统和清洁卫生工作，注意对温度、湿度及通风条件的控制等细节，这样才能做到商品储存的有效管理。

要做好商品的储存管理工作，需要注意以下几点要求。

1. 慎重选择商品储藏区域

商品储藏室就是门店的货品仓库，每天有大量的货品从商品储藏室中被分发和接收，这是货品被置于终端门店进行销售前的聚集地。因此，门店经营者应该注重储藏区域的选择，储藏室应尽可能地选择在终端门店与验收处之间，不过一般门店也将商品的库存处直接作为验收处。库存处面积的大小，应根据门店的规模、类别、产品销量、商品市场的供应情况等进行设计。

例如，经常变换商品种类的门店，或者需要一次性大批量进货的门店，应将储藏室的面积设计得大一些；而经营规模比较小，或者以少量精品经营为主的门店，则可以将储藏室的面积设计得小一点。

2. 验收入库

验收入库一般是采购部门与库存部门一起处理的，采购部门主要负责货品数量的点验，而库存部门则主要负责进购商品质量的检查和分类工作。具体步骤如下。

（1）质量检查

库房管理人员在验收货物时，应与质检员、采购员等一起对货物的质量和数量进行检查。质量检查的前提就是数量检查，而质量检查的重点是对物品本身储存条件的分析和对入库物品的质量把关。对物品自身储存条件的分析，主要是考察货品是否适宜储存在仓库中，或者要使货品完好地储藏在仓库中需要额外设置哪些条件，而对入库物品的质量把关则要根据采购规格书所制定的标准进行。另外，对于零星采购的物品，要检查其是否已经执行申购手续。对于未执行申购手续的货品，库管员有权拒绝将其收入储藏库内；对于口头申购的一些特殊货品，相关负责人应事先通知仓库管理员，库管员要严格按照《采购验收标准》组织入库物资的验收。

（2）分类签收

货品在入库之前被登记、签收和分类。登记和签收是为了使账目体系更加清晰易查，而分类则主要是方便管理。库房物品堆放必须按品种、规格进行整齐有序的分类存放，并贴上标签。杂乱无章的放置不仅不利于货品的管理，还有可能造成不必要的损失。

3. 储存保管

这是库存管理工作的中心环节。保存物品要做到认真检查，使物品在保管期内数量准确，质量完好。库管员所管物资不准擅自借出，物资调拨必须履行相关手续，违者应承担经济责任；合理存放物品，在货物入库后，库管员要按类别、品质特征、进货批次将其分类存放，并填制标签，使物品便于发放，以更好地为生产和销售服务；同时要尽量降低库存管理费用和耗损开支。

4. 保持库房的清洁干净

这要求食品仓库的管理员要时刻保持库房的清洁，按时清扫库房，保证库房内地面、门窗、货架等干净整洁，保持库区周围环境卫生良好，无积水、无杂物、无污染源；要尽量保持库房的干燥环境，不可以在仓库里堆放垃圾；货品出入库后，要及时进行清理和打扫，尤其是角落和货架底下；仓库内不得吸烟，不得饮用食品饮料等。为了更好地管理仓库的卫生，门店负责人应制定相关的库房清洁制度，由专职人员进行监督和打扫。

店长如何督促理货、补货工作

理货和补货也是门店运营管理中的重要环节。理货员的工作看似简单、普通，但他们是与顾客进行最直接接触的人员，因此他们的一举一动、一言一行无不体现着门店的整体服务质量和服务水平，他们的素质好坏，将直接影响到门店的生意和声誉。而补货更是为避免商品断货、过期现象给门店造成不必要的经济损失的重要管理流程。因而，店长要教育、督促相关员工不断地提高自身的理货和补货能力，才能使门店在激烈的市场竞争中盈利。

1. 理货工作

店长要督促好门店员工的理货工作需要从以下几个方面入手。

（1）监管理货员的收货工作和支货工作

店长要注意检查理货员在其所管辖的商品补货时，是否有过量支货或遗漏支货的情况，如果有，要注意及时纠正。还要检查收货人员是否按公司制度实行至少两人签收的规定，并认真清点货品，将货品摆放在恰当的位置。

（2）组织员工做好卸货工作

店长在货车到达收货场地时应组织员工第一时间进行卸货，提高卸货和理货的效率，尤其是收货点在门店门前时，应注意不要影响门店的正常经营。店长还要组织好卸货过程中的安全工作，以免发生工伤，出现工作事故。

（3）督促理货员做好每天的货架整理工作

理货员每天至少要对货架进行两次整理，要经常注意检查商品是否被摆错位置、超过食用期限，或者出现缺货、断货等情况，并及时加以纠正。对于不能退货的近期商品应立即报批减价处理。对此，店长负有监督管理责任。

（4）督促理货员做好卫生清洁工作

店长要监督并检查理货员做好卫生工作，包括对其所管辖的货架、商品、通道、冻柜等进行清洁，特别要注意检查那些比较容易积尘的商品，以及慢销的货品等。此外，对于绝密文件，不得翻印。

（5）督促员工做好防损工作

店长要督促员工做好场内防损工作，要求理货员一边工作，一边留意卖场周围的情况，特别在卸货时间、用膳时间更应提高警觉。

（6）做好库存商品的管理工作

店长要组织督促员工做好后备仓商品的分类摆放工作，对于高值商品应安排专人负责保管，还要经常组织理货员整理后备仓，以保持后备仓的整洁，防止商品积压。

（7）做好残次商品退货或报销的处理

残次商品应分类摆放及分别处理，属于街货、自购货则直接退还给供应商，属于仓货则需要好好整理，每月定期退仓。供应商不包退货的商品，则应按坏损的货物处理守则及时做出减价或报销处理。

（8）检查每期的改价和特价工作

检查价格被修改过的商品所标的价钱与改价资料是否一致，其货牌是否被及时更换；检查特价商品是否都挂上了特价货牌，特价海报是否被及时张贴出去，以及需要端架陈列或堆头陈列的特价商品是否按要求被完好陈列于所属区域等。

（9）做好理货员工作安排和轮班轮休、用膳时间的编排

根据各理货员的特点，安排他们分管不同类别的商品，并注意在适当的时候做一些轮换。店长在编排轮班、轮休、用膳时间时应考虑当天的人手、仓货期以及门店防盗等问题。

（10）督促员工做好货品记录

店长要督促员工做好所属区域的货品记录，尤其是高值商品的进货、销售和存货记录。

2. 补货工作

店长应督促门店员工在补货过程中做好以下工作。

（1）门店巡视

店长要对门店进行定期巡视，督促理货员时刻注意自己所负责区域商品的销售情况和顾客购买的情况，以便及时补货。

（2）商品整理

店长应督促理货员做好商品的前进陈列工作，即当前面一堆商品出现空缺时，要将后面的商品移到空缺处。商品朝前陈列，既能体现商品陈列的丰富感，又符合了商品陈列先进先出的原则，同时更有利于理货人员发现商品的缺货情况，及时对所缺货

品进行补充。另外，理货人员还要注意检查商品的质量，如发现商品变质、破包或超保质期，应立即从货架上撤下，并适当补货。

（3）确定补货品项，填写补货单

理货员要及时为需要补货的商品做记录，根据超市商品的销售情况，把要领取商品的货号、名称、数量及单价等填写在领货单上，然后去仓库领取商品。

（4）依照补货单领取货品

理货员必须凭借领货单领货。仓储管理人员按照领货单的内容从仓库货架上取货。对于仓储管理人员所发出的商品，理货人员应按照领货单上的事项逐一核对验收，避免因商品串号或仓储管理人员的失误而提错货物。

（5）检查质量及价格标签

理货人员应对所领取的商品的质量进行检查，检查内容主要包括保质期、条形码、外包装以及卫生情况等，还要检查所补商品的价格标签，以确保价格标签的正确性。

（6）补货上架并检查补货情况

理货员将所领取的商品及时补充上架，并把新旧商品重新整理，排列整齐，然后检查是否所有的商品都已经进行了补货。

（7）将剩余商品归库，处理垃圾

仓储管理人员将剩余的库存封箱，改正库存单，并放回原来的库存区位置。仓储管理人员和理货人员对补货产生的垃圾进行处理，保持仓库及补货区域的卫生，特别要注意，检查通道处有无遗漏的商品、卡板、垃圾以及价格标签等。

店长如何搞好商品盘点

所谓盘点就是定期或不定期地对店内的商品进行全部或部分清点，以确实掌握该期间内的经营业绩，并因此加以改善，加强管理。

门店的经营管理无非是为了满足顾客的需求从而获取销售收益，然而，要知道门店经营的盈亏情况，光靠每天的报表、业绩是无法准确知道的。为了准确反映公司的财务状况，掌握商店的库存量及商品的耗损情况并加以改善，加强商品安全和库存管理，为公司决策提供真实有效的数据，店长组织相关工作人员定期对商品进行盘点显得尤为必要。

店长要做好商品盘点工作需要遵循以下操作程序。

1. 盘点前准备

盘点前除了要把握好由公司总部所确立的盘点基础工作规范外，还必须做好盘点前的准备工作，以便盘点工作能够顺利进行。盘点准备工作主要包括以下几点。

（1）人员准备

盘点人员一般由店长、领班根据实际情况确定。由于商品的盘点工作必须动用大批人力，通常盘点当日应该停止任何人员休假，并在一周前安排好出勤计划。

（2）盘点区域划分

根据门店货架以及各种特殊的商品陈列方式来划分盘点区域，并制作“门店排面分布图”，落实好人员编组及其负责区域。

（3）盘点环境整理

环境整理工作一般应在盘点前一天做好，工作内容包括：检查商场各个区位的商品陈列、仓库存货的位置和编号与所制作的盘点配置图是否一致；整理货架上的商品，将其分区分类堆放；清除货架上的不良商品，将其装箱标示，并做好账面记录；清除卖场及作业场死角；将各项设备、工具存放整齐。

（4）制作盘点表

店长安排理货员整理牌价卡，确保牌价卡与商品一一对应，并无短缺，由门店会计负责监督这项工作的质量；各柜组对货架上的商品按从左到右、从上到下的顺序将商品内码、品名抄写在盘点表上，要注意留空技巧，盘点表一式两份。

（5）告知顾客

盘点如果是在门店营业时进行，工作人员可以通过广播来告知顾客；如果是采用停业盘点，则最好在三天前以广播及公告方式通知顾客。

（6）盘点前指导

店长要对参与盘点的人员进行必要的指导，一般在盘点的前一日进行，指导内容主要包括盘点要求、盘点常犯错误及异常情况的处理办法等。

（7）盘点工作分派

在进行盘点工作时，商品管理人员不宜自行盘点。在初盘时，为了避免由于员工不熟识某类商品而出现差错，最好由管理该类商品的从业人员来实施盘点，然后再由后勤人员及部门主管进行交叉的复盘和抽盘工作。

（8）单据整理

为了尽快获知盘损或盘盈情况，盘点前应将进货单据、进货退回单据、变价单据、销货单据、报废品单据、赠品单据、移库商品单据及前期盘点单据等整理好。

2. 盘点过程

在各项工作的负责人员都到岗之后，盘点正式开始。盘点过程主要包含了三个阶段：初盘、复盘和抽盘。

（1）初盘

店长在领导门店工作人员进行商品初盘时应注意：查看盘点配置图与盘点现场是否一致；按一定的次序进行，一般先点仓库、冷冻库、冷藏库，后点卖场，这样方便管理。如果是边营业边盘点，卖场内应先盘点购买频率较低、售价较低的商品；一般要依照由左到右、由上到下的次序对门店内的货架或冷冻、冷藏柜进行盘点；每一台货架或冷冻、冷藏柜都应视为一个独立的盘点单元，使用单独的盘点表进行统计整理；对不同特性的商品进行盘点时应注意计量单位的不同；盘点单上的数据要填写清楚，避免混淆；盘点时要顺便观察商品的有效期，将过期商品取下，并做好记录，以防遗漏；盘点最好由两人一组进行，一人点，一人记，不但可以提高效率，还能提高盘点的准确率；若在门店营业时盘点，要注意尽量不要对顾客造成影响；店长要掌握盘点进度，做好收银机处理工作。

（2）复盘

店长在领导门店工作人员对商品进行复盘时应注意：复盘时应再次核对盘点配置图是否与现场实际情况一致；复盘人员要用与初盘时颜色不一样的笔来填写盘点表，一般复盘人员会使用红色圆珠笔，这样初盘和复盘的差异一目了然；复盘可在初盘进行一段时间后再进行，复盘人员应手持初盘的盘点表，依序检查，把差异填入差异栏。

（3）抽盘

店长在领导门店工作人员进行商品抽盘时应注意：抽盘时可以选择具有代表性或特殊性的某些商品，比如不易清点的商品，单价高、金额大的商品，或者位于卖场内死角处的商品；对初盘与复盘差异较大的商品要加以实地确认；抽盘的办法可参照复盘的办法进行。

3. 盘点后处理

盘点结束后，店长要组织部分人员对后续工作进行处理，主要包括以下几点。

（1）资料整理

各个盘点区域的负责人在填写完的盘点表上签名，并将盘点表上交汇总。负责汇总盘点表的人员将盘点表编排整理清楚，以防遗漏。

（2）计算盘点结果

根据汇总的盘点表对盘点结果进行分析、计算，若在营业中进行盘点，应考虑盘点中所出售的商品金额。

（3）找出问题

根据盘点结果找出问题所在，并提出改善对策。

（4）实施奖惩

根据盘点结果对盘盈或盘损的各个区域负责人实施奖惩措施。

（5）账务登记与处理

店长要督促相关人员做好盘点的财务、会计和账务登记与处理工作。

怎样妥善处理滞销商品

为了可以对库存有一个清晰的了解和把握，同时也让门店经营者对销售重点做到心里有数，店长在进行门店的业绩分析时，一定要对畅销品和滞销品进行一个详尽的分析对比。

奇怪的是，经常会发生这样一个现象：除了有限的那几款商品畅销之外，其他的好像都是滞销品——有些畅销的商品永远畅销，而其他款式的商品却好像总是没有动静。畅销的那几款商品经常处于缺货状态，其他的却长期处于滞销状态，甚至越积越多。这样就会直接导致货物失衡的情况出现。如果补货，那些滞销的商品老是卖不出去，资金无法流动，库存也会越来越多；如果不补，销售额又上不去。这会让门店的经营者非常为难。

于是很多门店经营者就会让导购向顾客主要推荐那些滞销的商品。这会让导购们有所抱怨：顾客不喜欢那些滞销商品的原因不是自己的销售不行，而是那些滞销商品款式设计得不够好看。其实，深层次的原因是没有将其放到最好的展示位置上，陈列的时候没有把滞销商品当成主打商品，也没有做好广告宣传。

这里为大家提供几种比较有效的处理滞销商品的办法。

1. 给滞销商品找一个好的位置

人们认为，好的位置通常会带来顾客更多的关注，会让顾客发现它的美和价值所在。外观再好的商品，如果摆在了一个很不起眼的位置，也会很难被顾客发现。因而，给滞销的商品一个好的安放位置很重要，店长可以通过让滞销品巧“傍”畅销品，或者将其重新组合定位的方式来凸显滞销品的价值和美。

2. 给滞销商品更多的关注

门店经营者要让导购多了解这些滞销的商品，发现它们的优点和价值，甚至喜欢它们，爱上它们。因为只有导购自己喜爱这些滞销商品，才能更好地将它们销售出去。

3. 对导购进行销售模拟训练

战前练兵，只有事前准备充分了，才能在打仗的时候取得更好的成绩。当导购爱上滞销商品，门店经营者可以在店里比较清闲的时候，组织导购进行一些滞销商品的模拟销售训练。

4. 对导购进行压力与奖励并行的奖惩手段

激励和压力其实都是动力，比如店长可以规定卖出一件滞销商品奖励多少钱，没有按照规定卖出去则给予小小的惩罚。销售习惯不改变，往往销售也很难有突破，想让滞销品脱销，必须要靠这些动力来改变导购的销售习惯。

5. 降价处理

降价也是处理滞销商品比较有效的方法之一，它主要有两种方式，一种是换季降价，即以各种活动的名义，在本销售季节的中后期，预先把可能积压的季节性商品进行特价处理；另一种是折扣处理，即把积压存货集中在一个折扣专柜进行销售，然后根据商品的质量采取不同的折扣，一般多以 3 ~ 8 折进行销售，以此吸引大批顾客光临。

6. 加送赠品

门店可针对某些销售商品提供赠品，这一方法能大大提高顾客的购买热情。

7. 充当免费奖励

以滞销品作为销售其他产品的免费奖励，可以提高所销售产品的感知价值。顾客会因此感到他们得到了更多的实惠，从而增加购买欲望。

8. 退回厂家交换

如果经营者的采购合同里包含了可以退换滞销品的规定，那么就可以将滞销品退回厂家或供应商那里换成当下畅销商品，这样既为门店节省了金钱，又帮助门店弥补了利润的损失。

案例　让滞销品畅销起来

尚品卫厨是广州的一家外商独资企业，该企业专门生产和销售热水器、油烟机、燃气灶等厨卫电器产品。由于该企业在国外已经有十多年的生产和经营历史，其生产技术已经相当成熟。1999 年，尚品为契合大陆市场对嵌入式灶具的需求，开发了一种嵌入式灶具。这种灶具的控制旋钮在侧面，安装时只需在台面上挖一个安装坑即可。产品一经推出，销售情况非常不错。

于是尚品公司为了抢占这块快速成长的市场，就按照市场的需求不断加大生产。他们在全国设立了二十多个直营分店，而每一家分店都有自己的仓库。尚品卫厨的总公司规定，各分店必须备有合理的库存。因而，一时间尚品卫厨的库存量迅速增加，有时甚至能够达到四千多台。

然而意想不到的是，中国的厨房革新太快了，从简单的橱柜到大理石整体台面直至整体厨房，中国厨卫生产技术的发展只用了短短几年时间就完成了转变。嵌入式灶具由于需要在上面和侧面分别开一只安装孔，装修工作量大，安装精度高，技术要求高，并且收费也比其他新产品高一点，所以不再受到消费者的追捧。于是，短短一两年时间内，市场上侧面旋钮的嵌入灶具开始滞销，尚品公司所销售的侧面嵌入式灶具也同样遭遇了滞销，而停放在仓库中的将近四千台的嵌入式灶具更是成了令人头疼的难题。

后来，中部分公司的黄天明经理加入到了尚品在上海的一家分店中担任店长。在经过多方考量之后，他发现该产品滞销的症结显然是来自于消费者的困扰。于是，黄天明像往常了解消费者购买时的真实想法一样，在上海的这家分店扮演起了促销员的角色，开始亲自接待每一位顾客。在接连接待了好几个顾客，了解了顾客的反应之后，黄天明的心里便有了主张。

黄天明到橱柜公司要求其按照自家公司嵌入式灶具的尺寸专门定做了5套橱柜。他安排了对促销人员的专项培训，还提出了为解决顾客关于装修麻烦的担忧，公司将免费赠送价值200元的橱柜的新策略。最后，他选择了一家商场，将嵌入式灶具与定做的橱柜安装好后摆放在现场进行推广。就这样，黄天明以零售价500元赠送价值150元橱柜的方式，在一周内销售了5台嵌入式灶具。

初步的胜利给了黄天明店长很大的信心，于是他主动向总部请缨，要求自己所管理的分店包销公司所有库存的嵌入式灶具。公司在将信将疑中同意了他的申请。于是黄天明以同样的方式定制了近四千台的橱柜，然后对公司所有的促销员进行了集中培训，主要强调该产品性价比高的优点。他还在上海尚品分店的辖区内选择了所有重要的商场，并在相关商场张贴了海报，结果该促销效果奇好，半个月后该产品的所有滞销存货全部被售完了。

案例分析

对企业或者门店而言，库存积压造成的原因多种多样，而案例中所体现的是比较典型、有代表意义的产品滞销、库存过多的原因，即市场看好，企业便一味地推出新产品并大量生产，由此造成了在市场突变的情况下，原先适销的产品不再受消费者的欢迎，于是库存就此产生。

因而，企业或门店经营者应该吸取教训，合理生产并销售商品，在遇到商品滞销的情况下，应遵循以下原则加以解决：实地研究调查，找出问题的症结，再决定解决滞销品问题所要采取的方法，如特价、大力度促销、团购处理、加送赠品等。但最好的办法是进行营销方式的创新，当然这也是有条件的，即经营者要保证滞销产品的功能没有受损、其价格不与现有产品价格产生冲突、产品售出后没有后顾之忧等。

第 9 章

拿商品抠利润
——金牌店长的成本优化

优化门店的商品结构

商品结构是指符合公司市场定位及商圈顾客需要的“商品组合”。商品结构应明确定义各采购部门的大分类描述、中分类描述、小分类描述、品牌数、品项数、直线陈列米数、最小规格包装、畅销价格带以及陈列层板数等。

每一个门店的店长都不希望看到本店滞销商品堆积如山而畅销商品却出现断货的现象。这是一件令人苦恼并且对门店经营非常不利的事情。然而很多经营者由于只知道各种商品的大致销售情况，对于滞销商品的挑选和淘汰却总是把握不好。面对着不断变化的商品，如何处理门店商品的更新换代，如何实现门店商品的结构优化，就显得格外重要，其重要性主要体现在：节省陈列空间，提高门店的单位销售额；便于顾客对有效商品的购买，以便保证主力商品的销售份额；提高商品之间的竞争，以竞争促进商品的销售；有助于协调门店与供应商的关系；有助于商品的推陈出新；有助于提高门店的商品周转率，降低滞销品的资金占压。

1. 如何优化门店的商品结构

门店经营者应当如何进行商品结构的优化呢？

商品的结构调整是在丰富门店商品品种的前提下进行的筛选，这是优化商品结构的基础。在此前提下，优化商品结构应从以下几个指标进行考核。

（1）商品的陈列

商品的结构同商品的陈列方式息息相关，因而优化商品的陈列方式也是优化商品结构必不可少的一种方式。例如，适当加大门店的主力商品和高毛利商品的陈列面，适当缩减无效的商品陈列面，适当调整同一类商品的价格带的陈列和摆放等。

（2）新近商品的更新率

门店应当周期性地增加商品的品种，为门店注入新鲜血液，以稳定自己的固定顾客群体。商品的更新率一般应控制在 10% 以下，最好在 5% 左右，另外，新近商品的更新率也是考核采购人员的一项指标。对新进商品的采购应符合门店的商品定位，不应超出其固有的价格带，要适当淘汰一些价格高但销量不好或者没有利润的商品。

（3）商品销售排行榜

现在大部分门店的销售系统与库存系统都是相连接的，后台计算机系统都能够整理出门店每月、每周以及每天的商品销售排行榜，店长可以从这些排行榜中看出每一种商品的销售情况。了解商品的销售排行榜有利于店长及时调查其商品滞销的原因，并在无法改变其滞销情况的时候，及时将商品撤柜。经营者在处理这种情况时应注意：首先，对于新上柜的商品，要考虑到它的熟悉期和成长期，不要急于撤柜；其次，对于某些日常生活的必需品应当慎重处理，虽然其销售额很低，但是由于此类商品的作用不是盈利，而是通过此类商品的销售来拉动门店的主力商品的销售，所以不应草率地将其撤柜。

（4）商品贡献率

商品排行榜可以反映出一些商品滞销的问题，但也并不全面，比如前面所说的日常生活必需品问题。因而，优化商品结构时还应考虑到商品的贡献率。销售额高、周转率快的商品，不一定毛利高，而周转率比较低的商品也未必就会利润低。如果一种商品销量很好，但却没有毛利，那它对于门店的经营和销售又有什么用呢？没有利润的商品短期内可以存在，但若是长期占据货架，肯定会影响到门店的生存。看商品贡献率的目的在于找出门店的商品贡献率高的商品，并使之销售得更好。

（5）损耗排行榜

商品的损耗直接影响商品的贡献毛利，因而在优化商品结构时，这一指标是不容忽视的。例如，日配商品的毛利虽然较高，但是由于其风险大，损耗多，可能会导致入不敷出。对于损耗大的商品，门店经营者一般可以选择少订货，同时应由供货商承担一定的合理损耗。另外有些商品的损耗是因商品的外包装而引起的。这种情况下，应当及时让供应商解决外包装问题，实现外包装的合理化。

（6）周转率

商品的周转率也是优化商品结构的指标之一，谁都不希望某种商品积压流动资金，所以周转率低的商品不能滞压太多。

（7）其他指标

一些特殊的节日，也应是门店经营者对门店的商品进行补充和调整的良好时机。例如，正月十五和冬至，就应对汤圆和饺子等商品品种的配比及陈列进行调整，以适应门店的销售。

2. 一些注意事项

在优化门店商品结构的过程中还应当注意以下几个问题。

（1）与门店布局同步进行

商品结构的优化应当与门店的布局同步进行，将商品结构优化同门店布局与商品陈列技术相结合。

（2）与价格策略、促销策略和手段相结合

商品结构的优化还应与门店的价格策略及促销策略和手段结合起来。对于好的商品进行促销，给消费者一个超值的概念，是一些经营良好的门店常用的手段。

（3）与门店的规模扩大相结合

商品结构的优化还应与门店规模的扩大相结合。尤其要注意门店规模扩大的过程中商品品种的增加与商品结构的优化一定要同时进行。

（4）对各类商品的综合业绩进行评定

运用现代化技术手段对各类商品的综合业绩进行科学评定。

（5）注重对货架的优化

商品结构的优化还应包括对货架的优化。门店要将货架视为有限资源来合理安排和利用，使有限的货架发挥最大的效益。

总之，优化门店的商品结构对提高门店的总体销售额意义重大。但它是一项长期的管理工作，需要门店经营者随着时间的变化而及时对商品结构进行变动，这样才会使自己立于不败之地。

产品组合的基本原则

产品组合，也称“产品的各色品种集合”，它是指一个企业在一定时期内生产经营的各种不同产品的全部产品、产品项目的组合。产品组合包括产品系列的宽度、长度、深度和关联性。在门店内产品组合具体表现为产品的品种数、产品的包装规格、款式、口味、颜色等。

随着消费者需求日趋多元化，市场竞争日益激烈，产品的生命周期越来越短，选择合适的商品提供给顾客变得越来越困难。在产品销售过程中往往会出现门店存在商品品种过多，但依然无法使顾客感到满意，整个产品组合无法满足顾客的需求和使销售最大化的情况。

因此，优化品类的产品组合变得十分必要。那么，怎样才能找到最佳的产品组合呢？概括起来主要有六项基本原则：正确的产品、正确的状态、正确的质量、正确的数量、正确的时间，以及正确的价格。

1. 正确的产品

正确的产品首先是指在整个计划中产品组合必须合理，产品的广度和深度的结合必须能够完全满足顾客的需求。在这里，产品的广度是指产品的品种数，而产品的深度是指产品的包装规格、款式、口味、颜色等；其次是选择的产品必须在国家法律法规所允许销售的商品范围内；最后是这些商品必须符合门店的价值观、门店形象及门店政策，这与门店品牌的树立有着极其密切的关系，所以一般著名的门店都会把不符合自身政策与形象的产品置之门外，即便那是一个畅销商品。

2. 正确的状态

这里的状态是指产品的自然状态或物理状态。很多产品由于其自身的性质和特点，对储存和售卖环境以及销售人员有特殊的要求。因而采购人员在选择商品的时候需要考虑门店的空间、环境、设备、人员、安全等各方面是否符合这些商品销售的特殊要求。比如，店内是否有足够的冷藏柜存放冷冻食品，店内是否有足够的空间安置大型的电器商品等。另外，产品的包装及标签等都应该符合相关的法律法规，保证其在正常无害的状态下被销售出去。

3. 正确的质量

这里所说的质量包括了产品的安全性、可靠性和产品的质量等级三个方面。

首先，从安全性角度来说，门店经营者必须保证门店内的所有商品都不会对消费者的生命和财产安全造成隐患，这就要求经营者在选择商品的时候必须要对产品的安全性进行评估，仔细审查供应商提供的相关证明文件、安全认证等，这既是对顾客负责，也是对企业本身的一种负责任的做法。

其次，从产品的可靠性角度来说，产品使用功能及可靠性也需要被评估。一位负责任的门店经营者不应该让那些本身存在缺陷，无法在合理的时间内提供其所宣称的功能的商品流入自己的门店，因为这样不仅会损害消费者的利益，也会影响门店的形象。

最后，从产品的质量等级角度来说，门店经营者应该树立正确的产品质量等级观念。并非所有的产品都是质量越高越好，经营者更应该考虑产品的性价比，以及消费者的需求。所以，对产品等级的选择必须要针对目标消费者的需求，而非采购单方面的意愿。

4. 正确的数量

正确的数量是指在考虑到商品的广度和深度的平衡结合，以及满足顾客对选择性需求的前提下，产品组合的数量不会过多也不会过少，能够有效地避免产品品种的不必要重复。因为，从门店自身的角度来说，其销售空间和人力资源都是有限的，产品组合过多或重复会造成资源浪费和增加运营费用，也会导致某些商品滞销，造成库存过多。另外，从顾客的角度来说，产品品种过多或重复都会使顾客无法有效地进行购买决策，或花费太多时间做决策而没有足够的时间购买其他商品，两者都会给企业销售带来损失。所以，门店内产品组合的数量一定要根据顾客的实际需要及门店的实际情况来定，保证产品的分配处于最优化和平衡的状态。

5. 正确的时间

产品组合计划要注意掌握时间性，时间性的要求主要包括以下 4 点。

①要在合适的产品生命周期引进新商品。门店是否要引进新产品需要根据门店的目标顾客对新产品的认知及接受程度来定，不然很容易造成新产品滞销、库存积压等问题。

②产品组合必须有明确的季节性。商品本身向顾客传递着强烈的季节性信息。例如，在夏天来临的时候，各种消暑产品、防蚊用品等应该占据多数；在冬天来临时，就应该注意增加保暖用品的数量。这种季节性的气氛能有效地引起顾客购买的冲动。

③要正确捕捉市场趋势和市场变化的信息。产品组合是否符合市场的潮流趋势、顾客的喜好变化，或者是否能够及时应对一些突发事件等，都是门店经营者优化产品组合时需要考虑的问题。

④对一些特别的事件要有充分的准备。例如在奥运会前，要积极备好各种配合奥运主题的商品。

6. 正确的价格

影响产品定价的因素主要包括顾客、竞争对手、供应商价格政策以及门店自身的定价策略。产品定价在不违背市场经济发展的基础上，还需要特别注意两点：一是定价的时候要考虑顾客对该商品的价格敏感度以及该商品的需求价格弹性；二是产品定价时不但要考虑单个商品，还要考虑整个类别的整体价格形象和综合利润率。经营者对不同角色的商品应有不同的定价机制，以便在保证良好价格形象的同时，也能保持合理的利润水平。

不可不知的产品 ABC 管理法

ABC 管理法又被称为重点管理法，它是由意大利经济学家巴雷特发明的一种对经济活动进行分析和加强管理的科学方法。它反映了“关键的少数与次要的多数”“主要矛盾与次要矛盾”以及“关键因素与次要因素”之间的关系。ABC 管理法以“关键的少数，次要的多数”为理论依据，将研究对象的构成因素，按规定划分为了 A、B、C 三类。A 类是关键因素，它是管理的重点；B 类是次要因素，它是管理的次重点；C 类是一般因素，通常不需要投入太多精力去管理。

在商业管理中，ABC 管理法被广泛运用到了库存管理、质量管理、成本管理、营销管理等各个方面。其主要作用在于提高经济效益，提高工作效率，进行工作改进前后的对比，有效控制和管理成本，分析影响工作的因素等。因而，门店经营者了解并有效运用 ABC 管理法对其经营管理门店会有极大的益处。

运用 ABC 管理法的基本步骤如下。

1. 收集数据

按分析对象和分析内容，收集有关数据。例如，打算分析产品成本，则应收集产品成本因素、产品成本构成等方面的数据；打算分析库存消耗，则应收集所有品种的年销售出库数量、平均供应单价等数据。

2. 处理数据

对收集来的数据资料进行整理，按要求计算和汇总。

3. 制作 ABC 分析表

ABC 分析表一般包含了九个栏目的内容：第一栏是物品名称；第二栏是品目数累计，品目数累计实际上就是物品的序号，每一种物品都是一个品目数；第三栏是品目数累计百分数，即累计品目数与总品目数间的百分比；第四栏是物品单价；第五栏是平均库存；第六栏是各种物品平均资金占用额，它是通过第四栏单价乘以第五栏平均库存得来的；第七栏是平均资金占用额累计；第八栏是平均资金占用额累计百分数；第九栏是分类结果。

4. 确定分类

对产品进行分类时，应重点观察 ABC 分析表中第三栏和第八栏的内容，也就是品目百分数和平均资金占用额累计百分数。将累计品目百分数为 5% ~15% ，而平均资金占用额累计百分数为 60% ~80% 的物品，确定为 A 类，作为管理重点；将累计品目百分数为 20% ~30% ，而平均资金占用额累计百分数也为 20% ~30% 的物品，确定为 B 类，作为管理的次重点；其余为 C 类，C 类情况正好和 A 类相反，其累计品目百分数为 60% ~80% ，而平均资金占用额累计百分数仅为 5% ~15% 。

5. 绘制 ABC 分析图

首先根据 ABC 分析表中第三栏和第八栏所提供的数据，以第三栏的累计品目百分数为横坐标，以第八栏的平均资金占用额百分数为纵坐标，绘制 ABC 曲线。然后再根据 ABC 分类标准将曲线上各对应部分划分成 ABC 三个区域，这样构成的全部图形名称为 ABC 排列图，即巴雷特图或 ABC 分析图。

门店经营者应当依据自身的经营策略，对物品进行 ABC 分类，并实施重点管理。尤其是 A 类物品，A 类物品虽然在品种数量上仅占 10% 左右，但管理好 A 类物品，就能管理好 70% 左右的年消耗金额。因而，对门店经营来说，经营者应该千方百计地降低 A 类物品的消耗量，对 A 类物品实施重点管理、科学管理。当然，对于 B 类物品也应当给予相当的重视，实施常规管理。

寻找好的产品供应商

门店的商品要想销售得好，商品的来源很重要，因为它直接决定了商品的质量，以及经营者采购过程中的诸多问题能否得到有效解决。优秀的供应商能够保证商品供应的顺畅，使门店经营不会因为商品供应不及时而停业；能够保证商品品质的稳定；能够保证交货数量的准确；能够保证交期的准确，从而保障公司出货期的准确；还能够保证各项工作的协调、顺利开展。因而，寻求好的供应商对门店经营而言十分必要。

供应商按其不同的分类方式可以分为以下几种类别。

①按供应性质分类，它可以分为制造商、代理商和批发商。

②按区域分类，它可以分为全国性供应商、区域性供应商和本地供应商。

③按品牌分类，它可以分为知名品牌供应商、一般品牌供应商以及自有品牌供应商。

1. 怎样算好的供应商

好的供应商一般需要具备如下六个条件。

（1）良好的管理制度

拥有科学的激励机制、顺畅的管理渠道，以及健全的管理制度的企业，更能够充分发挥员工的积极性，从而保证其供应商整体是优秀的，其产品品质是优质的，其服务是一流的。

（2）优秀的企业领导人

管理学界有一种论调是“制度决定一切”，其实不然，因为企业的核心领导人也是不可或缺的组成部分。企业领导人是一个企业的领导者和指挥者，他们手中所掌握的部分决定权足以决定整个团队的生存与发展。企业有了优秀的领导人，才能够健康稳定地发展。

（3）高素质的管理干部

高素质、有能力的管理干部能够让供应商内部的管理更有效率，并且充满活力。

（4）稳定的员工群体

供应商员工的稳定性是其产品品质稳定的保障，流动性过大的员工群体，其产品品质必然会受到一定影响。

（5）良好的科学技术

供应商不单要有素质高的管理干部和良好稳定的基层员工，还应有经验丰富的创新型技术人员。只有技术不断改善创新，才能使产品品质更加有保障，材料成本不断下降。

（6）良好的机器设备

只有良好的机器设备才能生产出品质上乘的产品。

2. 如何寻求到好的供应商

门店经营者可以通过调查了解目标供应商的这些大体情况，从而更好地做出选择。那么，门店经营者具体要如何寻求优质的供应商呢？

（1）对所需要采购的物品进行分类

首先将主要采购商品和非主要采购商品等按采购金额比重分成A、B、C三类，然后再按商品的种类或者性能进行分类。

（2）搜集厂商资料

门店经营者要根据采购物品的分类，搜集生产各类物品的厂家。一般每类产品需要挑选5～10家作为待定供应商，并将它们的资料填写在《厂商资料表》上。

（3）调查分析供应商情况

门店经营者按照所挑选的供应商名单，将《供应商调查表》传真给供应商填写，同时也要适当地做一些市场调查，充分了解每一个供应商的情况。

（4）成立评估小组

店长组织成立供应商评估小组，确定组长及小组成员。评估小组成员一般由采购人员、物品管理人员、技术人员、主管等担任。

（5）调查评估

根据反馈的调查表，按规模、生产能力等基本指标对待定供应商进行分类。按ABC物品采购金额的大小，由评估小组选派人员按《供应商调查表》所列标准进行实地调查。

评估小组选派人员将所调查项目如实填报于调查表上，然后由评估小组进行综合评估，将合格厂商分类按顺序统计记录。

（6）样板研究或小批量试验

对供应商所选送的小样或小批量合格的材料进行品质等级评

定，通过比价和议价，确定一个最优的价格性能比。

（7）对供应商进行追踪考核

对供应商进行阶段性追踪考核，比如每个月对供应商的交期、交量、品质、售后服务等项目进行统计，并绘制成图表。每个季度或半年进行一次综合考核评分，按评分将供应商分成优秀、良好、一般、较差几个等级。

（8）筛选供应商

对于在考核中达到优秀的供应商，应对其加大采购量；对于在考核中处于一般水平的供应商，应予以减少采购量，并适当地进行继续跟踪考察；对于在考核中等级较差的供应商，应予以淘汰，将其列入候补名单，重新评估。另外，门店经营者在选择供应商时还要注意审查供应商所提供的各种证件资料。

有效控制商品采购成本

采购是门店经营活动不可缺少的重要环节，是门店产品成本控制的关键，控制采购成本对于增强门店的竞争力具有重要的战略意义。在市场竞争越来越激烈的形势下，积极采取相应措施，有效控制采购成本，已经成为门店发展与生存的关键。

要想控制好采购成本，门店经营者可以从以下几个方面入手。

1. 建立严格的采购制度

严格、完善的采购制度对于门店的采购活动、提高采购效率以及预防采购人员的不良行为等都具有规范意义。采购制度应当对授权人的批准许可权、相关部门（特别是财务部门）的责任和关系、商品采购的申请、商品采购的流程、各种材料采购的规定和方式，以及报价和价格审批等做出明确的规定。这样不仅有利于商品采购流程的顺利开展，还有利于解决采购过程中可能出现的各种争端。

2. 制订采购预算和采购计划

预算是计划的一个方面，也是组织政策的延伸，还是一种控制机制。制订采购预算，是在具体实施物资采购行为之前，先估计和预测物资采购所需的成本，以便理性规划整个采购资金。

制订采购预算的行为，就是对组织内部各种工作进行稀缺资源的配置。它不但对物资采购资金进行了合理的配置和分发，同时建立了一个资金的使用标准，以便随时检测和控制采购行为中的资金使用情况，确保采购资金的使用在一定的合理范围内浮动。

采购预算的制订不仅能够有效控制采购资金的流向和流量，提高采购资金的使用效率，优化采购管理中资源的调配，还能够帮助查找资金使用过程中的一些例外情况，从而达到控制物资采购成本的目的。

3. 确定采购价格

采购价格的确定，直接影响到门店经营的成本，是物资采购控制的重中之重。无论采购哪一种物品，门店经营者在采购前都要熟悉它的价格组成，了解供应商所生产成品的原料的源头价格，为自己的准确核价打下基础，并以自己的核价作为基础，更好地与供应商进行讨价议价。

4. 选择适合自己门店发展的供应商

中国有句古话“男怕入错行，女怕嫁错郎”，选择供应商也是如此。好的供应商能跟随着你共同发展，为你的发展出谋划策，帮助你节约成本；而不好的供应商可能会从产品质量、产品供应等方面给你带来诸多麻烦。

值得注意的是，店长在选择供应商时除了要考虑供应商的质量外，也要重视供应商数量的选择问题。单一渠道增加了采购资源供应的风险，也不利于对供应商进行压价，缺乏采购成本控制的力度。因而，店长在选择供应商时要避免渠道单一的情况，尽量寻求多家供应，保证所选供应商承担的供应份额充足，以获取供应商的优惠政策，降低物资的价格和采购成本。

5. 估算供应商的产品或服务成本

所谓“知彼知己，百战不殆”，要想真正做到对采购成本的全面控制，仅靠自己内部的努力是不够的，还应该对供应商的成本状况有所了解，只有这样，才能在价格谈判中占主动地位。当然，进行这种谈判，不能为了缩减商品采购成本而把供应商逼到赔钱的地步。造就双赢局面，寻求与供应商之间的长期合作关系才是明智之举。

6. 强化采购人员的素质

提高采购人员的素质也是控制采购的重要环节。采购人员一般对采购物品的特性或者一些技术性的东西欠缺了解，这样在和供应商的谈判中就会很吃亏，经常处于被动地位。所以店长应该加强自身以及采购人员的技术知识的培训，以知识武装头脑，将理论与实践相结合，从而更好地控制商品采购成本，增加门店经营收益。

案例 “啤酒”与“尿布”

20世纪90年代，在美国的一家沃尔玛超市内，超市的管理人员在分析销售数据时发现了一个让人匪夷所思的现象：在某些特定的情况下，“啤酒”与“尿布”这两件看上去毫无关系的商品会经常出现在同一个购物篮中。这种独特的销售现象引起了管理人员的注意，经过一段时间的追踪调查后，他们发现，这种现象基本上都会出现在年轻的父亲身上。

在美国有婴儿的家庭中，母亲一般都要留在家中照看婴儿，当尿布用完，而自己不能出门时，她们往往会嘱咐孩子的父亲在下班回家的路上去超市为孩子购买尿布。这些年轻的父亲在购买尿布的同时，常常会顺便为自己购买啤酒。于是，“啤酒”与“尿布”这两件本来看上去毫不相干的商品便经常出现在同一个购物篮中。另外，管理人员还发现，很多年轻的父亲在购物时非常注重效率，如果在卖场中只能买到啤酒和尿布两件商品中的一件，那么他很有可能会放弃在该卖场购物而到另一家商店，以便能够一次性同时购买到啤酒和尿布。

沃尔玛的管理人员在了解了这一独特现象之后，开始在卖场尝试将啤酒与尿布摆放在统一销售区域，让年轻的父亲可以同时找到这两件商品，并很快地完成购物。另外，沃尔玛超市还规定可以让这些客户一次购买两件商品，而不是一件，从而大大提高了商品的销售量，增加了营业收入。

案例分析

"啤酒与尿布"这一案例可谓是营销界的一个神话，"啤酒"和"尿布"这两个本来看上去毫无关联的商品被摆放在一起进行销售，并获得了很好的销售收益，这种现象阐述了商品之间的关联性特征。根据商品之间的关联性，经营管理者对商品进行合理的布局摆放，从而形成了连带购买、交叉销售的局面，最终使得销售额成倍提升。

当然，撇开沃尔玛自身的技术与管理方面的强大而言，我们看到，成功的商品陈列，在某种意义上来说，可以算得上是"静态的推销员"。商品不仅是商店陈列和销售的对象，其所陈列的方式、形态也是构成门店氛围的重要因素。门店的商品种类繁多，形态各异，如果能够在商品陈列上突出商品的特色和优势，营造良好的氛围，充分展示商品的形象，让商品自己说话，那么就能更好地吸引顾客，促进销售，提高门店的收益。

第 10 章

找准切入点做好活动策划
——金牌店长的促销技巧

店长要明确促销的目的

促销是营销组合四大要素之一，是门店营销策略的重要组成部分，也是门店参与竞争、实现既定目标的重要手段。其重要性决定了门店经营者有必要从战略高度来对促销进行规划。要规划促销，首先得明确促销的目的，促销目的决定了促销政策的制定。只有根据促销目的来制定相应的促销政策、拟定促销方案，才能成功地实现既定目标。

促销活动的最终目的只有一个，那就是吸引顾客，提高销量。但根据市场变化、产品周期变化的不同，促销的目的也会相应地有所变化。其目的主要包括以下几方面。

1. 新品上市，吸引顾客

顾客需求的多样化和多变性特点，决定了门店经营常常需要及时向市场推出新品。在新品上市过程中，为了吸引顾客的关注度，门店经营者需要制定相应的销售政策并开展大量的宣传活动，比如现场抽奖、路边演出、专家免费咨询等。这些产品知识有奖问答活动或者歌舞助兴活动穿插在促销活动之中，往往对新品的推出具有造势功能，能营造热闹氛围，吸引顾客注意，从而促进销售。

2. 产品推广，实现铺货率目标

产品推广成败的一项重要指标是“铺货率”。铺货率高低对稳定市场、推广产品、广告配合等都具有关键性的作用。门店要实现铺货率目标，需要按计划来组建、扩大或调整销售网络。

对此，店长可以从提高现有的分销能力、开发新市场等方面着手。

3. 抢占市场，扩大销量

在相应市场达到较高“铺货率”之后，门店的主要目标是抢占市场，提高市场占有率。此时，促销目标已经从实现铺货率转变为扩大销量。因而，店长要不断开拓销售渠道，刺激销量的增长。

4. 抑制对手，保护市场

激烈的市场竞争在某种程度上会演变为促销手段的竞争。此时，门店经营者要想保护自身的市场份额，掌握击败对手的决定权，就得加大促销活动力度、制造良好的促销效果。因此，在竞争对手搞促销活动时，等闲视之必定会造成处处被动挨打，失去市场份额的掌控权，而有针对性地开展促销活动才是明智之举。虽然这种以抑制对手为目的的促销策略，可能未必能够增加门店的销量和收入，但它在一定程度上能够达到保护自己的市场免受对手侵犯的目的。

5. 争夺顾客，拓宽市场

在产品进入竞争市场，并具有比较强势的竞争地位的时候，很多经营者会出现松懈麻痹的思想。但市场竞争是残酷的，瞬息万变的，经营者一旦开始松懈，很快便会被市场淘汰。因而，促销活动仍要继续。但此时的促销目的已经不再是保有市场，而是变成了争夺顾客、拓展市场。无论在促销力度、促销手段上都要求大、求新、求创意，力争在最短的时间内拓宽市场，给竞争对手强烈的打击。

6. 季节性调整

有些行业产品的销售受季节性因素的影响比较大，比如服装、空调、冷饮等。消费者因季节不同而对这些产品产生不同的消费需求。产品不同，淡旺季也随之不同。因而，门店经营者不仅要分析店内产品的季节性变化趋势，更要分析竞争品和行业等方面的变化趋势，从而对产品的销售进行季节性的调整。这种季节性调整一般可分为四个阶段：旺季进入淡季、淡季、淡季进入旺季以及旺季。在旺季进入淡季期间，门店经营者需要抓紧时间进行大量促销，延长旺季；在淡季期间，由于市场仍有一定的需求量，经营者可以采用优惠促销的方式来维持市场的供应量；在淡季进入旺季期间，经营者要抓住这一关键期，把握促销时机，抢先占有一定的市场份额，掌握市场主动权；在旺季期间，经营者既要通过促销来推动全面销售，又要做好市场培育和服务支持工作，把握住赚取利润的黄金时机。

7. 处理库存，减少积压

库存问题是每一个销售门店都必须要面临和解决的问题。受生产规模、运输及仓储等条件的限制，定期清理库存显得尤为必要。处理库存也应掌握一定的技巧，大量处理库存可能会打乱市场价格体系，减少企业利润，但如果在处理库存时能巧妙运作渠道资源，却可以借此扩大市场占有率，促进销售量的增长。

制订合理有效的促销方案

制订促销方案，既体现着制订者的智慧与才能，又是其日常促销经验的总结和积累。合理有效的促销方案是产品促销活动的依据和指针，也是确保大型促销活动正常进行的重要组成部分。

1. 怎样算有效的促销方案

门店经营者制订合理有效的促销方案，首先，应该注意四个方面的内容。

（1）策划促销方案要实现三个阶段的目标

一是在执行之前，让产品销售从适应受众消费转变为引导受众消费，这就要求促销方案的制订要具有很强的针对性，能够吸引顾客的注意；二是方案要清晰明确，要与执行者的文化层次、职业习惯、生活习惯等相对接，要让人明白方案的各要素、各组成部分的功能，要避免因为过分追求艺术效果或专业性而抛弃了方案的可理解性；三是执行方案后能够激发顾客的兴趣，让他们产生购买的欲望。

（2）促销方案要求短期目标和长期目标相结合

短期的促销可以刺激销售，提高产品的知名度，但门店经营要想长久收益，更需要长远的品牌塑造，因而，促销更重要的着力点还在于提高门店或产品的美誉度，亲近受众，打造品牌。只有将短期目标与长远目标相结合，产品的促销方案才会有传播力和执行力。

（3）促销方案的形成要有阶段性

一个能够产生轰动效应的促销方案，往往是从一个不起眼的创意点逐步发散、放大累积而成的。促销方案制订者要学会对生活中可能存在创意点的信息进行梳理、筛选、再细化，在集思广益的基础上，将其制成可执行性策划文本。促销方案的制订是一种有组织、有计划、有目的的整体行为，它通过各种促销手段组合成一个完整的体系，门店应依据自身的市场情况作出适当选择，互相搭配促销手段进行促销。

（4）促销方案要有促销效果监测

促销活动容易受天气变化、人员变更、市场浮动等因素的影响。另外，促销方案的制订者是否站在了顾客、销售人员以及生产商等多角度进行考虑等，都会对促销方案的制订和执行造成影响。因而，制订促销方案，必须考虑各种客观因素，为活动执行留下一定的选择空间，要用效果监测去促进促销方案的制订和完善。

2. 如何做一套有效的促销方案

制订合理有效的促销方案需要做到如下几点。

（1）市场调查与分析

市场调查与分析是确定“促销主题”“促销方案”的依据。市场分析要求“准确”“客观”，并且具有一定的“前瞻性”。市场分析可以分为三个部分：节庆市场的分析、消费者需求分析以及竞争状况分析。市场调查与分析要求尽可能做到全面、具体，能够为促销方案的制订提供重点方向。

（2）确立促销主题

策划主题是促销策划的核心，它贯穿于整个促销策划之中。确立促销活动主题是一项创意性很强的活动，它要求所确立的主题能够突出鲜明的个性，具有生动的活力，简明易懂，能给予顾客利益。唯有明确了促销主题，促销策划才会有清晰而明确的定位，组成策划的各种因素才能够有机地组合在一个完整的策划方案之中。

（3）确定促销方案

确定促销方案是促销策划中的核心内容。促销方案的设计和制订要围绕着促销目标而展开，方案要尽可能具体。在确定促销方案过程中，制订者要注意考虑几个问题：选择和确定方案对市场及顾客的刺激程度；什么样的媒介适合这种产品的促销；选择销售对象，确定是哪类人，哪些团体；选择合适的促销机会；合理地进行资金分配，以便采用最有效的方式进行促销。

（4）选择宣传手段

促销宣传手段主要包括广告促销、人员推销、营业推广，以及公共关系宣传等。其中，广告促销方式已然成为直接向消费者传递信息的最重要的促销方式。门店经营者应当根据自身门店及促销产品的具体情况来综合运用各种宣传手段。

（5）选择促销方法

促销方法多种多样，主要包括以消费者为中心和出发点的服务促销，以及通过门店或企业联合开展的联合促销。促销的具体形式包括优惠券、免费样品、竞赛与抽奖、包装促销等。

巧妙地运用各种促销方式，不仅能够赢得更多的顾客，还能够更好地提高产品的声誉，扩大企业的影响，使企业的营销业绩更快地增长。

（6）监控实施促销方案

实施促销方案时，要认真注意市场与顾客的反应，不断对实施过程进行监控，并及时进行工作的调整。

（7）评估促销效果

促销效果评估包括事前评估、事中评估和事后评估。事前评估是在促销计划实施之前，对促销情况进行的调查和预测，它的主要作用在于评估促销计划的可行性和有效性；事中评估是在促销活动进行期间，通过对消费者进行调查来了解消费者动态、参与活动的消费者结构以及消费者意见等；事后评估是在促销活动结束后，通过比较的方式，来了解促销前后产品知名度、认知度、销售量、销售额的变化，从而评价促销活动的实际效果。

评估促销效果一般采用三种方法。

①前后比较法，即将开展促销活动之前、之中和之后三段时间的销售额或者销售量等进行比较来测评效果。

②市场调查法，门店通过组织有关人员进行市场调查分析，从而确定促销效果的方法。市场调查法比较适合于评估促销活动的长期效果。

③观察法，即通过观察消费者对促销活动的反应，从而得出对促销效果的综合评价。

对促销效果进行评估，有助于门店员工积累工作经验，改进工作方式，以便更好地适应市场需要。

影响促销的因素

促销活动成功与否，受到多种多样的因素影响，主要包括以下几种。

1. 商品种类因素

不同的商品种类需要不同的促销方式。比如日用品类的商品，因为它们是常用的生活必需品，其最好的促销方式是销售促进，其次是人员营销，最后是公关宣传；而像家电类商品，它们最有效的促销方式是广告，其次是销售促进，人员推销的方式对它们的作用不太大。

另外，品牌的差异性也会对促销效果造成影响。任何品牌都是有价值的，其差异性主要体现在知名度、美誉度和用户的忠诚度上。对此，促销活动策划者可以将品牌的差异性进行量值化，找出不同品牌间的“量值点”，据此与对手进行竞争。

2. 商品生命周期阶段因素

商品所处的生命周期阶段会影响促销目标的侧重点，从而影响促销组合决策以及所采用的促销方式。商品生命周期阶段主要包括导入期、成长期、成熟期以及衰退期。若促销商品正处于导入期，则促销的主要目标在于提高商品的知名度，此时采用广告和公关宣传方式可以获得最佳效果；若促销的商品正处于成长期，此时可以综合运用所有的促销工具和促销方式；若促销的商品处于成熟期，此时必须增加促销费用，但一般会削减广告预算；若促销的商品已经处于衰退期，那么应把促销规模降到最低限度，以保证足够的利润收入。

3. 促销目标因素

门店在不同时期及不同的市场环境下所执行的促销活动，都具有不同的促销目标。促销目标直接影响促销方式，因为相同的促销方式在实现不同的促销目标上，其成本效益是不同的。

一般而言，人员推销对顾客是否会购买以及购买多少的影响十分显著，而在建立顾客知晓方面，广告、销售促进和公共宣传的作用显然比人员推销的作用显著。由此可见，促销方式同促销目标的关系是密不可分的。

4. 促销策略因素

促销策略同样影响着促销方式的选择，一般促销策划者可以通过“拉引”和“推动”两类策略思想去规划促销策略。推动策略是利用人员推销与销售渠道来促销推动产品；拉引策略则着重于最终消费者，它需要花费大量资金开展广告和促销活动，以促进消费者形成需求，从而逐层往上，拉动产品生产与销售。这种策略选择显然会影响促销资金的分配，并影响促销方式的选择。

5. 价格因素

价格是调节市场、抢占人气的杠杆。促销价格的制订，应随着竞争对手的变化而变化，但有时也要谨防对手以“偷梁换柱”的方式蒙蔽我们的视线，让我们以为他们促销的是一款淘汰产品，而实际上他们却在暗中推出新款、新概念赚钱。因此，促销价格应根据市场动态、需求以及对手的情况决定，不能盲目调价。

另外，价格的高低设定也要合理，它直接影响着促销活动的成败。价格过高容易让消费者望而却步，失去产品对消费者的吸引力，不利于产品销售；价格过低，又会造成利润的浪费，给门店带来损失。因而，店长可以采用比较策略来制定价格，使其符合市场的需要。

6. 广告因素

广告的优势在于：信息传递快、势头猛；受关注面大，容易成为社会热点；可在消费者中间长时间传播等。在促销活动中，投放广告必须要有很强的针对性，促销信息传递的范围越广，越能抓住消费者的消费心理，促销效果也就越明显。

7. 现场气氛

现场气氛涵盖了两大部分内容，一个是以促销活动现场的展柜布置为主的终端气氛，另一个是以促销现场的氛围、热销场面为主的售点气氛。良好的展柜布置方式和技巧、热闹的促销场面都会对促销的最终效果产生极大的影响。

8. 导购员能力

无论是平时销售，还是促销活动销售，终端导购员的促销能力都起着至关重要的作用。因此，终端门店经营者要对导购员进行定期培训，包括产品知识、导购技巧、企业理念、个人素质培训等；要大力支持和督促导购主管开展工作；同时，还要多关心导购员的生活情况，通过月度评优、年度评优、节假日集体旅游等活动来激励导购人员，提高导购员的士气和集体战斗力。

促销的常见形式与选择依据

常见的促销形式主要包括打折促销、赠品促销、有奖促销、节假日促销、发放优惠券、提供免费试用以及限时抢购等。

1. 打折促销

打折促销又被称为折扣促销，是企业在特定市场范围和经营时期内，根据商品原价确定让利系数，进行减价销售的一种方式。打折促销是现代市场上最简单有效、使用最频繁的一种促销手段。这种促销方式易操作，效果比较明显，而且有利于培养和留住现有消费群。一般被用于老顾客折扣、VIP 顾客折扣、换季减价、新店开张折扣等诸多情况。它可以吸引终端门店的客流量，刺激促销产品和其他产品的销售，促销员也能够通过折价促销尽快实现商品的销售量，加速完成销售指标。

但折扣促销也是一把“双刃剑”，它的作用机制、客观效应具有两面性。

一方面，提供比较明显的价格优惠，使得折扣促销能够有效地提高商品的市场竞争力，吸引消费者，刺激消费者的消费欲望，从而营造出良好的市场销售态势，创造出“薄利多销”的市场获利机制。

但另一方面，它也有一些消极作用，主要表现在四个方面：一是采用打折销售，容易降低商品的品牌形象，不利于以品牌为保障来延伸商品的促销；二是消费者的期待是无止境的，他们在看到较为明显的折扣幅度后，可能会期望更有利的折扣率，从而萌发观望等待的心理，这样就影响了商品的销售；三是成功的折扣促销，有时在引导消费者大量购买商品后，会造成未来市场需求的提前饱和，不利于后续的商品销售；四是打折销售使得企业将原本应得的部分利润让给了消费者，企业的市场获利能力便会降低。

因而，门店经营者在策划打折促销时要慎重考虑其利弊作用。

2. 赠品促销

赠品促销是指以较低的价格或免费向消费者提供某些物品，以刺激消费者购买某一特定产品的促销方式。赠品促销是最古老也是最有效、最广泛的促销手段之一。其赠送方式包括直接赠送、附加赠送、积分赠送等。它一般被用于高档商品、昂贵商品的销售，新品宣传、品牌造势等情况。

赠品促销的作用十分明显，它可以吸引消费者的注意力，增加顾客对商品的好感；可以刺激顾客购买新品；可以刺激顾客转移消费品牌，提高消费档次，购买高档、昂贵的商品；可以保持顾客购买的忠诚度，鼓励顾客重复消费或增加消费量；

还可以增加服务项目的附加价值，增强与竞争对手的对抗能力等。

此外，进行赠品促销时也应注意几个问题。

①赠品选择要注重人性化，要精巧，使用率要高。赠品促销本身就是笼络人心的感情促销，如果赠品不人性化，不想顾客之所想，那么它就无法起到诱导顾客购买商品的作用。

②赠品也要注重质量。赠品质量不仅是国家法律条文所规定的，而且也是赠品能否起作用的基础，赠品所体现出来的是商家的诚信，它甚至会影响到门店的生存和发展。

③赠品要有个性。赠品虽是礼品，不能直接带来商业价值，但它对顾客的消费情绪和兴趣有着一定的影响，对顾客下次购买的决策起到一定的作用。赠品有个性，才能走进顾客的心里去，引发顾客再次购买的欲望。

④赠品不能“喧宾夺主”。赠品永远是为衬托、宣传商品而设计的。若是过分地哗众取宠，就失去了它的意义和价值。

3. 有奖促销

有奖促销是指在消费者购买了某种商品之后，门店销售者通过抽奖、有奖征答等方式，向他们提供赢得现金、旅游或物品的各种获奖机会的促销方式。

竞赛与抽奖活动的吸引力主要是奖金或奖品，因而门店在采取有奖促销这一促销方式时，要注意奖品或奖金的选择。一个好的奖品选择，必须考虑两个方面的因素。

①奖品的价值。在设计奖品价值时，应在国家法律规定的范围内，遵循小额度、大刺激的原则，让奖品以其新奇性和独特性取胜。

②奖品的形式。奖品的设置应采用金字塔的形式，奖品组合中一定要有一两个诱惑力很大的大奖，越小的奖项设置的数量要越多，这样才有利于调动顾客的积极性，让他们更好地加入到活动中来。

4. 节假日促销

节假日促销是一种非常时期的促销活动，有别于常规性促销，它往往呈现出集中性、突发性、反常性和规模性的特点。节假日促销方式及商品的选择要根据节日的不同来确定。

节假日促销要注意几个要点。

①目标要明确。节假日促销必须要有针对性，分清主次，注重消费者的消费心理，讲究实实在在。

②突出促销主题。保证促销主题具有冲击力、吸引力、主题词简短易记等特点。

③把产品卖点节日化。产品的研发、推广与销售，应根据不同节日情况、节日消费心理行为、节日市场的现实需求以及每种产品自身的特色来进行。

5. 发放优惠券

优惠券是一种证明，证明持有者在购买某特定产品时可凭此优惠券获得减免部分购买金额的权利，它也是常见的促销形式之一。优惠券可分为无条件优惠券和附条件优惠券，无条件优惠券是指消费者可以直接获得的优惠券，而附条件优惠券是指消费者需要通过购买某样商品或进行某种活动才能够获得的优惠券。

6. 提供免费试用

提供免费试用一般被用于新品销售的过程中，通过邀请潜在顾客免费试用产品，以期他们能够购买。

7. 限时抢购

限时抢购也是一种比较常见的促销方式，如今更是成为淘宝网店的一种门店促销工具。卖家可以在自己门店中选择一定数量的商品在一定时间内以低于市场价的价格进行促销活动。这种促销方式可以在一定时间内提升门店的客流量，提高转化率，把更多流量转化成有价值的流量，让更多进店的人购买，提高门店的整体交易额。

案例 屈臣氏的促销战略

商家经营所追求的最高境界，无非是顾客在购物后仍然对店内的商品津津乐道，有种淘到宝物后莫名喜悦的心情。从这个角度而言，屈臣氏可谓是业界的佼佼者。不知何时起，逛屈臣氏淘宝，竟然成为都市白领丽人的时尚消费必修课。作为城市高收入的代表，这些白领丽人正经历着从物质需求向精神享受的过渡，这让她们往往陶醉于某种获得小利后成功的喜悦。屈臣氏正是捕捉住了消费者这一微妙的心理细节，成功地策划了一次又一次的促销活动。

纵观屈臣氏的促销活动发展，其大致可被分为三个阶段：

第一阶段是在2004年6月之前，在这段时间里，屈臣氏主要围绕着传统节日来开展促销活动，比如情人节、万圣节、圣诞节、春节等。针对这些节日，其促销主题可谓多式多样，例如

“说吧，说你爱我吧”的情人节促销，“万圣节之夜”的万圣节促销，“圣诞全攻略”“真情圣诞真低价”的圣诞节促销，以及“劲爆礼闹新春”的春节促销。当然，除了这些节日促销外，屈臣氏还进行了以“春之缤纷”“秋之野性”“冬日减价”“水润肌肤心动价”“10 元促销”“全线八折”“加 1 元多一件”“买一送一”“买就送”“SALE 周年庆”“自有品牌商品加量不加价”“60 秒疯狂抢购”等为主题的促销活动。

第二阶段是在 2004 年 6 月之后，以宣传“逾千件货品每日保证低价”为主题，屈臣氏提出了“我敢发誓，保证低价”的承诺。在这一阶段，屈臣氏每期推出的《屈臣氏商品促销快讯》封面上，都会有屈臣氏代言人高举右手传达“我敢发誓”的信息。一直到同年的 11 月份，屈臣氏将宣言调整为“真货真低价”，并仍然贯彻执行“买贵了差额双倍还”的方针。由此一直到 2005 年 8 月“我敢发誓”一周年的时候，屈臣氏累计举行了 30 期的促销推广，其低价策略已经深入人心。

第三阶段是从 2005 年 6 月开始，屈臣氏淡化了“我敢发誓”的角色，特别是到了 2007 年，促销宣传册上几乎不再出现“我敢发誓”的字样，差价补偿策略也从“两倍还”到“半倍还”直至最终不再出现。但屈臣氏仍然延续了其特有的促销方式和低价方针，促销活动更是灵活多变，并逐步推出了诸多大型的促销活动，比如“大奖 POLO 开回家”“百事新星大赛”“封面领秀”“VIP 会员推广”等。屈臣氏就这样逐渐完成了促销战略的成功转型。

可以说，屈臣氏的每一次促销活动都能给顾客带来不一样的惊喜，让顾客在夸赞其商品“好优惠”“好可爱”的同时，将商品“洗劫”一空，从而积累了屈臣氏单店平均年营业额高达 2000

万元的战绩。

案例分析

从案例中我们发现，屈臣氏能够取得如此丰厚的销售业绩，除了得益于其持之以恒的作风、精准的顾客群定位等诸多因素外，更为显著的是它的促销战略。屈臣氏的促销招式层出不穷，比如“超值换购”“独家优惠”“买就送”“加量不加价”“优惠券”“剪角优惠券”“震撼低价”“赠送礼品”“VIP 会员卡”“感谢日”“销售比赛”等。这些促销方式牢牢地抓住了消费者的心，既保证了消费者愉快购物，又拉动了其自身的业绩增长。“滴水穿石，非一日之功”，屈臣氏促销活动是在经营中不断研究的结晶，研究精神、这种销售思想与促销方式都是值得零售连锁行业学习和借鉴的。

第三部分 精售前，重售后
——金牌店长的 CRM 修炼

第 11 章

掌握成交基本准则
——金牌店长的客户解读

掌握顾客的购物心理

CRM（Customer Relationship Management）是客户关系管理的简称，是当前经济环境下开发客户、维护客户的管理利器。做好了 CRM，不仅可以稳固现有的营销业绩，更主要是能够带来二次营销，实现业绩的指数增长。CRM 不是一个空洞的名词，而是需要销售人员在实践中去完善、去充实。在这一过程中，金牌店长尤其要掌握顾客的购物心理，然后有针对性地陈列和推荐商品，这样才能提高商品的销量。

1. 好胜心理

好胜心理指显示自己胜过别人，向别人炫耀自己的购买心理，这种顾客在购买商品时大都要求商品的牌子或档次。

2. 求实心理

求实心理指顾客在购买必需商品时，以追求商品的实用和实惠为主要购买目的的心理。求实心理把购买的重点放在产品的内在质量、实际效用上，而对它的外观造型是否新潮不太挑剔，这与顾客的经济收入和消费观念有密切关系。

3. 求新心理

求新心理指顾客在购买商品时以追求商品的流行潮头和新颖为主要目的的心理，这种心理着重于商品外形的独特、个性与新奇，注重色彩、形态和材质的时新，而对商品是否经久耐用，价格是否合理，不太计较。

4. 好奇心理

好奇心理指以喜欢尝试为主要目的的购买心理，这种顾客在选购商品时，常受到商品新鲜感的驱使，想了解个究竟，自己觉得新奇而感兴趣，会即兴购买。

5. 求廉心理

求廉心理指顾客在购买商品时，以追求廉价、价格优惠为主要的购买心理。这类顾客比较在乎商品的标价，喜欢甩卖和打折的商品。

6. 求优心理

求优心理指以追求优质产品为主要目的的购买心理，这类顾客对商品的产地、生产厂家、商标等十分重视。

7. 求名心理

求名心理指顾客在购买商品时以追求表现自己身份、地位、价值观、财富等为主要购物目的的心理，这类顾客比较注重商品的品牌、价位和公众知名度。

8. 求速心理

求速心理指顾客在购买商品时，希望得到快速方便的服务而形成的购买心理。这种顾客特别重视时间及效率，厌烦挑选时间过长和过低的售货效率。

9. 模仿心理

模仿心理指顾客在购买商品时，以追求与名人消费同步为主要购买目的的心理，也称从众心理。

10. 好癖心理

好癖心理指顾客为满足特殊爱好而形成的一种购买心理，这种顾客以购买偏爱的商品获得最大的心理满足，具有持久定向性。

11. 求美心理

求美心理指顾客以追求商品的美感为主要购物目的的心理，这种心理着重于商品的外形、色彩与艺术性，特别重视商品的颜色、造型、款式等特定的文化品位，以及商品所体现出的风格和个性，他们不喜欢商品过于花里胡哨，色彩杂乱，对商品本身的使用价值和价格则较忽视。

12. 求安心理

求安心理指顾客以追求安全和健康为主要目的的购买心理，这种顾客比较重视商品的安全性、卫生性、无毒性及无副作用。

总之，做买卖的本质就是顾客需要什么样的商品，店家就销售什么商品。所以搞清楚顾客的需求，掌握顾客的购物心理是门店经营者的一大要务。只有把握住顾客的购物心理，门店才能推出符合顾客喜好的商品，才能获得顾客的喜爱，利润也才会滚滚而来。

如何化解顾客的不满

在门店经营过程中，当顾客在店内消费的实际感受低于他的期望值时，就会引起顾客的不满。大多数的顾客会选择带着不满默默离去，这使得门店工作人员没有机会消除他们的不满，但有些顾客会向门店负责人诉说问题，如果这些问题得到及时解决，顾客还是会回头的。因此，顾客的不满和抱怨其实是一种赠予，门店经营者应该将之视为珍宝。

在处理顾客的不满与投诉时，店家首先应该勇于承认错误，耐心解答顾客的疑问，然后找出解决这个问题的具体措施，让顾客感到店家是很有诚意为其解决问题的。

1. 注意处理不满与投诉的方法

顾客一旦对商品或服务开始抱怨，甚至决定进行投诉，那么消除顾客的不满、改善顾客对门店的不良印象将会很难。所以，店员在遇到投诉和抱怨时，一般还是请负责人或者专门负责处理顾客投诉的人员来处理较为适宜，因为店员万一回答错误反而麻烦。因此，此时店长就要挺身而出，肩负这一重任。

2. 表明认真的态度

在面对顾客的不满和投诉时，门店人员最好记录下顾客的投诉内容，深入了解顾客的想法，以此来表明对他们的重视以及自己认真的态度，这样顾客才会回以慎重的态度。

3. 接待要富有感情

门店人员要温柔且富有感情地为顾客解释，有时事情就可能因为这样而意外解决了。

4. 耐心听完顾客的话，中途不辩解

不论是什么样的投诉，最好都让顾客尽情地说完，因为顾客可能会因得到满足感而觉得安慰。所以，顾客投诉期间门店人员最好不要辩解。

5. 不要忘记顾客的好意

每个店都会有人投诉和抱怨，而许多投诉和抱怨都是可以事先预防的，因而门店经营者不必过于紧张。如果门店经营者认为顾客的抱怨和投诉很烦，自然会以为他们是在找麻烦，所以，有时经营者不妨换种想法：顾客的不满和投诉可以改善门店的品质和服务，这非常有利于门店的发展，要明白，顾客是好意才会投诉和抱怨。

6. 不可指出顾客的错误

店长对于顾客不合理的投诉和抱怨，不可擅自发表议论与对方争辩，也就是说，即使对方的投诉和抱怨的确不合理，也不可以直接说出“你是错的”这样的话语，以免伤害顾客的感情。

7. 耐心面对顾客的不满

（1）给顾客怀疑的权利

并非所有的不满或投诉都被证明是正确的，也并非所有顾客都是诚实的，但是在明确的反面证据出现之前，应当把顾客视为拥有确凿的投诉理由来对待。如果涉及金额数量较小，那么可能就不值得为退款或其他补偿争论不休——但是检查记录以了解这个顾客是否有过可疑投诉的历史，仍不失为一个好主意。当然，如果牵涉到大量的金钱（如索赔或法律诉讼），那么就要进行认真的调查了。

（2）阐述解决问题需要的步骤

在不可能当场解决顾客的不满与投诉的情况下，为了表明门店正在采取修正的措施，告诉顾客门店将计划如何行动，这也设定了顾客对时间进度的期望。

（3）让顾客了解进度

如果顾客知道目前的情况并收到定期内进度报告，那么他们将更易于接受处理过程的递延；相反，若顾客不了解情况，由于不确定性导致顾客焦虑和紧张，就会使问题向不好的方向发展。因而，在调查了解情况以及采取修正措施的过程中，门店经营者应礼貌地向顾客解释，因为没有人喜欢没有目标和预期的等待。

（4）考虑补偿

在顾客没有得到他们花钱购买的服务结果，或因为服务失误而遭受了时间和金钱的损失，或真的遇到了严重的问题时，正确的做法是支付金钱或提供同类服务给他们。这样一种做法还可能避免恼怒的顾客采取法律行动情况的发生。实际上，在许多情况下，顾客最终的目的并不是必须得到赔偿，而是门店的道歉和承诺避免类似错误的发生。

总之，当顾客对商品和服务感到不满而进行抱怨和投诉时，门店所面临的最大挑战是恢复他们对门店产品和服务的信心以及如何继续保持长久买卖关系，这可能需要毅力和追踪，不仅是为了平息顾客的怒气，而且要让他们相信门店负责人正在采取行动避免问题的再次发生。顾客的不满没有妥善解决好的话，门店将会失去这一部分客源。另外，出色的补救工作除了有助于建立顾客的忠诚度外，还可以推动顾客向他人推荐门店。所以，门店经营者要妥善处理好顾客的不满与投诉，坚持不懈地为重新获得顾客的友善而努力。

与顾客交流的技巧

良好的沟通技能是销售的基础。虽然语言交流是人类最基本、最普遍的天性，但是在销售过程中要做到有效地与客户沟通也并不是一件容易的事情。要想与顾客进行有效的交流与沟通，需要掌握以下几个技巧。

1. 了解

所谓“知彼知己，百战不殆”，不管是发展新顾客还是回访老顾客，了解他们的喜好、需求是十分必要的。对于新顾客，在他们进入门店后就应仔细观察，做初步的了解；而对于老顾客，更应该建立相应的档案，以便建立交流的基点，有针对性地为他们提供更好的服务。

2. 热情

热情是服务的根本，冷漠是顾客背弃的开始。无论是在销售前、销售过程中，还是在销售完成后，热情都是第一关键。即便是美国微软这样的大公司，他们在招聘新人的时候，不论招聘的是哪一个岗位的员工，微软都会强调一点，那就是“要具有足够的热情”。

3. 喜欢

喜欢就是发自内心地愿意接纳你的顾客，发自内心地感受你的顾客，而不是顾客买你的产品时，你才喜欢他，愿意接待他。如何掌握对顾客的喜欢？这里涉及三个词：真心、赞美、适度。

世间唯真最为感人，也最为动人。当你用真心为顾客服务的时候，顾客便会真正信服于你。每个人都有被人赞美的心理需求，因而，赞美顾客也是增加顾客好感的一门技巧。当然，赞美讲究适度，当你赞美一个人的时候，如果过了，会让别人很不自在；如果你的赞美不能跟顾客的优点、身份相匹配的话，有可能还会引起顾客的反感。因而，赞美也要讲究技巧，要遵循适度原则。

4. 宽容

这两个字说起来容易，做起来难。但门店经营者一定要记住一句话：“顾客是上帝派来免费为你修炼宽容这门功课的。”“顾客就是上帝”是很多人的共识，尤其是顾客本身，有很多顾客认为他们买了店家的产品以后就是上帝。这是很容易理解的，顾客付出了一些代价购买商品，做了支持店家的决定，在这个过程中如果他们得不到店家很好的回应，或者很好的服务，那么他们产生一些抱怨也是很正常的。因而，门店经营者或服务人员在与顾客交流的过程中，应适当地站在顾客的角度想一想，多一些宽容，那么沟通将不再是一件困难的事情。

5. 关注

只有产生关心才能产生关系，任何商业的来往实际上都是一种人际关系的生意，门店经营者如果能够把人际关系做好，对门店的经营发展将会产生巨大的推动作用。

超级客户服务的一个简单有效的关键就是关注。你有多么关注你的客户，你就有多么了解你的客户。关注度越高，了解程度越深，你就越能够知道你所做的每一件事，你所说的每一句话，你所推出的每一个计划是否符合顾客的需求。当你满足这一切的时候，顾客就会受到你的牵引，作出你所期望的决定。

6. 尊重

尊重是与顾客交流过程中最为关键的一种态度，因为人类最深切的渴望就是成为重要人物的感觉。人与人之间都是平等的、相互的，要想得到顾客的尊重，首先要尊重顾客，只有这样店家与顾客之间才能获得更好的沟通、交流的机会。

让顾客觉得自己很重要，让顾客感觉到店家对他的尊重，当顾客做选择的时候，他的感性部分自然就会向你倾斜。

7. 联络

建立顾客档案，与顾客保持联络、增进沟通，在不断交流中加深对顾客的了解，包括顾客的喜好、兴趣以及一定时间内的需求等。如果能够做到这一点，店家与顾客之间的交流与沟通就不会出现太大的问题。

总之，与顾客交流沟通的技巧有很多，但关键在于用心。

学会识别顾客的成交信号

接收成交信号，适时促成交易是门店销售过程中极其重要的环节。那么，如何在第一时间识别顾客发出的成交信号，把握时机将顾客往成交的方向引导，并最终促成成交呢？在此，店长应让其销售人员掌握识别顾客成交信号的技巧。

1. 表情信号

顾客的表情信号主要包括顾客的目光、面部神情变化等。顾客的成交信号在表情上主要表现为这几类。

①目光长时间逗留在产品上，眼睛发光，神采奕奕。

②顾客由咬牙沉腮变成表情明朗、活泼、友好。

③顾客表情由冷漠、拒绝、怀疑逐渐转变为热情、亲切、轻松自然。

因而，销售人员要仔细观察顾客的眼睛、目光、面部神情的微妙变化，以便洞察先机。

2. 语言信号

语言信号是最为明显的成交信号之一。顾客的成交信号在语言上主要表现为以下几点。

①提出意见，挑剔产品。当顾客对产品产生了购买的欲望，想要尽可能地为自己争取利益时，他们通常会开始对产品提出异议或评头论足，甚至表现出诸多不满。

②询问有无促销活动或促销的截止期限。买到价廉物美的产品是绝大多数顾客的共同心理。当顾客开始询问促销期限时，说明他已经产生了购买该商品的想法。

③褒奖其他品牌。这也是顾客在为自己争取好的谈判地位的表现。

④询问团购是否可以优惠。这是顾客在变相地探明厂家的价格底线。

⑤询问与自己同行者的意见。人是需要认同和被认可的。在自己拿不定主意或主意已定时，用别人的意见佐证一下是人之常情。

⑥询问送货的时间或到货的时间。尤其是对一些没有库存、需要厂家定制类的、有一定生产和送货周期的产品，顾客一旦开始询问货物到达的时间，即表明他已经有了购买的愿望。

⑦声称认识厂家的某某人，是某某熟人介绍的。一般情况下，顾客这么说既是为了讨价还价，也是其有意购买的一个信号。

⑧打听产品保养、保修之类的售后问题。消费者往往最缺乏

的就是消费的安全感，若要购买某样产品，顾客必然会开始关心该产品的保养、保修等售后问题。

⑨询问付款方式。如预付定金还是全款支付，分期付款还是全额支付等。

⑩顾客直接“投降”。当顾客直接说出“你介绍得真好”“真说不过你了”等话语时，说明交易已经进入尾声了。

3. 动作信号

动作信号是指顾客全身肢体活动的变化。顾客的成交信号在动作上主要表现为以下几点。

①顾客双脚的动作。顾客的双脚可能透露顾客真实的购买意愿。如果顾客在语言上拒绝了购买，上身也已经有转身的意思，但他的双脚还死死地冲着想买的这套产品时，就说明顾客还是在测商家的价格底线，这时候就要看谁能够坚持得住了。

②静态动作转变为动态动作。在动作上由抄手、抱胸等静态的戒备性动作，转向“东摸摸、西看看”的动态动作。如果顾客对产品动“手”了，至少说明顾客有了购买的意向。

③由紧张到放松。顾客在决定购买前，通常都会因很难决策而产生焦虑不安的心理，而一旦顾客确定下来，便会有如释重负之感，那么在行为动作上，则会表现出放松的状态。比如坐着的顾客由原来的前倾姿态变成后仰姿态。

4. 进程信号

谈判交易的进程同样透露着成交信息。顾客的成交信号在交易进程上主要表现为以下两点。

①向导购介绍与自己同行的有关人员，特别是对是否购买具

有决定权的人员。如主动向导购介绍“这是我的太太”“这是我的主管”等。

②转变洽谈环境，主动要求进入洽谈室或在导购要求进入时，非常痛快地答应，或导购在订单上书写内容做成交付款动作时，顾客没有明显的拒绝和异议。

顾客表现出来的成交信号受门店环境、产品种类、导购员介绍能力以及成交阶段等不同因素的影响，其表现可谓千差万别。因而，判断顾客的成交信号需要门店经营者与销售者在终端实战中不断总结，不断揣摩，不断提升。

如何面对挑剔的顾客

面对最挑剔的顾客，与之“对抗”，绝不能靠你来我往的攻击防御，而应通过消除、解决和合作，有可能的话，还可以将最挑剔的顾客转换为最忠实的顾客。对于挑剔的顾客，店家可以通过十大原则来对待。

1. 不要刺激顾客

从心理学角度来说，人际交往过程，就是人与人之间互相给予“刺激”，又互相做出“反应”的过程。顾客与销售人员之间的交易往来同样是一种刺激——反应的联结。

就某种程度而言，难缠顾客在表现某一不当行为时，其内心往往是非常敏感的。在这种敏感的状态下，外界的刺激无疑只会把他内在的抵触情绪引发出来，或者是加剧他的抵触情绪，使他变得越发“难缠”。所以，在应对难缠的顾客时，店家或销售人员应特别注意他激动、脆弱或敏感的情绪，尽力化解他的这些不良情绪，特别是不能刺激他。

2. 要给顾客台阶下

“树争一张皮，人争一口气”，每个人都是要面子的。对于难缠的顾客，店家同样要在尊重对方的前提下，考虑对方的“面子”问题。在顾客因某件事不停纠缠的时候，哪怕肯定是对方错了，也要懂得给对方台阶下。“贬低”和“敌视”顾客是最不可取的，这不利于解决问题。给顾客台阶下实际上就是表达你的尊重，以便最终使问题能够得到顺利解决。

3. 给顾客必要的理解和关怀

出门消费的理由多种多样，也不乏那些因心情不好而逛街消费的顾客。因情绪低落，这些顾客有时候会提出一些比较“怪诞”“难缠”的要求。面对这种顾客，一个重要的原则就是给予他们足够的理解和关怀。

心理学家马斯洛曾经提出了“需求层次理论”，他认为：“人生不仅有生理需要、安全需要，而且有爱的需要、受尊重的需要和自我实现的需要。”这里所说的“爱”，是更为宽泛的大爱，是人与人之间的相互关怀。给予难缠的顾客必要的理解和关怀，更容易让他们感动，从而使他们对门店产生情感上的信赖。

4. 要有足够的耐心

难缠的顾客之所以“难缠”，大抵是因为他们的言行举止常常激起别人恶劣的心理反应。而诸如“烦死了”“真讨厌”这样的恶劣心理反应，总或多或少地体现了这位接待人员或服务人员缺乏耐心。

接待顾客或为顾客服务都需要有耐心。所谓耐心，就是不急躁、不厌烦，尽量做到百问不厌、百事不烦，为顾客做详细的介绍，尽量使顾客感到满意。耐心的服务常常可以赢得顾客的满意，使顾客从“有意拒绝”变为“满意接受”。

5. 要讲究技巧

应对难缠的顾客实质上就是一个巧妙周旋的过程。在这个过程中，自身利益与顾客之间存在着一定的矛盾，顾客不能得罪，自己的利益也不能放弃，因而店家应有技巧地在这两者中间找到平衡点和突破口，这样的处理才能称得上是成功的。

6. 要恰当地赞美

赞美是接近一个人最好的方式之一。对于难缠的顾客，赞美同样是一种上佳利器。坚持这一原则的意义在于，首先，赞美具有一定的抑制作用，它可以有效地抑制难缠顾客让人难以接受的行为，从而在一定程度上避免了可能形成的冲突；其次，恰当的赞美有时甚至可以使顾客的对立情绪烟消云散，从而轻易化解彼此间的“干戈”。

7. 要宽容顾客

每个人都各不相同，形形色色的顾客中难免会有一些提出无理的要求或表现出不合理的行为，这是人性的种种弱点的表现。因此，店家对顾客要抱有一种宽容的、谅解的态度，不能太苛刻。一旦有了这样的心理准备，在遇到顾客有一些不太好的表现时，就不至于大惊小怪，甚至是不可容忍了。

8. 处理问题要把握时机

时机对处理问题有着重要的意义，好的时机有时候会使处理效果锦上添花，有的时候甚至可能直接关系到问题处理的成功与否。

9. 尽量满足顾客的要求

作为“花钱来买服务”的消费者，顾客所期待得到的不仅是优质的“功能服务”，还有优质的“心理服务”。在竞争日益激烈的市场服务中，这种“双重服务”的重要性，将会日益增强，尤其是“心理服务”方面。顾客的心理服务要求经常表现得非常复杂、多样化，但无论如何，在面对这些挑剔的顾客时，一个最为有效的基本原则就是尽可能地满足他的愿望或要求，以真诚的服务打动客人的心。要明白，嫌货人往往才是真正的买货人。顾客越是挑剔，说明他越想购买。如果在顾客如此挑剔的情况下还能够做到让顾客满意，那么交易必能成交，而且挑剔的顾客很可能会成为回头客，甚至是永久的忠实顾客。

10. 要有全局观

所谓要有全局观，就是要求服务人员在处理难缠顾客的问题时要从集体利益出发，为门店的整体利益着想。比如在处理挑剔的顾客所带来的难题时，员工之间至少不能在顾客面前推诿责任，一旦员工之间失去了全局观，失去了集体意识，那么问题只会变得更加复杂，而且还会破坏门店的形象。因而，强调应对难缠、挑剔的顾客时要有全局观，意义是非常重大的。

案例　关心你的每一位顾客

美国人乔伊·吉拉德，曾经创造了12年推销13000多辆汽车的最高纪录，被《吉尼斯世界纪录大全》誉为“全世界最伟大的销售商”。然而，人无完人，就是这样一位出色的推销员，却也曾有过一次难忘的失败教训。

那天吉拉德向一位顾客推荐一款新车，如往常一样，他以富有感染力的销售方式对新车的功能、设计以及费用等方面做了一番推销，一切都进展得非常顺利，眼看就要成交了，临付款时，顾客却突然改变了主意，他决定不买了，并带着不悦离开了汽车销售店。吉拉德百思不得其解，他看得出这位顾客对这款新车非常中意，但他就是不明白为什么顾客会在交款时突然变卦，还带着不悦离开了。

夜里，吉拉德躺在床上翻来覆去无法入睡，11点的时候，他终于忍不住给对方打了一个电话，询问对方突然改变主意的理由。顾客仍旧很不高兴，但还是说出了原因：“今天下午付款时，我跟你谈到了我的小女儿，她刚考上芝加哥艺术学院，我以她为荣，甚至激动地向你说到了她的艺术天赋和她将来的抱负，可是你却心不在焉，毫无回应。”听着顾客的描述，吉拉德努力地回忆着，但他依然对这件事毫无印象，因为当时他确实没有注意听。吉拉德试图解释，但电话那头的顾客仍旧说着：“你只在乎早点让顾客买完车然后将他送出门，你甚至宁愿听另一名推销员说笑话，却根本不在乎我说了什么，我不愿意从一个不尊重我的人手里买东西！”

这件事给了吉拉德很大的触动，它使吉拉德认识到，推销商品和推销销售人员自己是分不开的。要想成功地推销商品，销售人员首先得把自己推销出去。他说：“你真正地爱你的顾客，他也会真心爱你，爱你卖的东西。”所以，只有当顾客真正欣赏你的人品，接受你的感情，信赖你的质量时，他才会下定决心买你的东西。

在有了这次失败的经验教训之后，吉拉德十分重视与顾客的经常性沟通，通过各种方式及时了解和处理顾客的意见，并在一些小细节上为顾客做好心理服务。比如为顾客的家里人每人准备一个精致的胸章，上面写着：“我爱你。”他知道，顾客会喜欢这些精心准备的小礼物，也会记住他的这一片心意。尽管他已成为美国首屈一指的汽车推销员，但他每个月仍然会为他的13 000多名顾客精心准备不同大小、不同格式、不同颜色的信件，以保持与顾客的联系。

案例分析

商品成交的诀窍，业务成交的基本准则与方法，总结起来其实就是像乔伊·吉拉德那样注意站在顾客的立场上看问题，对顾客表现出真诚的关心和体贴，应顾客的需求变化予以积极回应与跟进，力求给顾客一个满意的答复。

粗暴地对待顾客的意见，忽视顾客的心理需求，往往会使顾客远离门店而去。乔伊·吉拉德根据经验总结出了“250定律”，即每位顾客后面大约有250位亲朋好友，一旦有一位顾客对你的产品或服务不满意，就有可能招致250位顾客的反感，而这250位顾客后面各自又有无数个亲朋好友。这“250定律”告诉我们，别以为门店失去一两名顾客没什么大不了，事实上其负面影响是难以估量的。

因而，要避免失去顾客，就要经常关心顾客，满足他们合理的要求。当今激烈的市场竞争已然演变成了争夺消费者的竞争，谁拥有更多的顾客，谁更能够赢得顾客的信赖，谁就将在竞争中处于有利地位。

第 12 章

让顾客成为回头客
——金牌店长的服务准则

开店的目的在于“创造顾客”

开店的最终目的在于盈利、创造营业收入。营业收入的实现，在于顾客的流量与忠诚度，从这个意义上来说，开店的目的，实际上是“创造顾客”。而顾客的存在，市场的诞生，只有在门店采取行动，通过广告、推销或发明新东西来把顾客的不满足变成有效需求之后，才真正得以实现。

顾客决定了门店是什么。只有当顾客愿意付钱购买商品或服务时，门店的商品、资源等才能转变为财富。顾客的需求、顾客心中的“价值”所在，对门店的经营与发展具有决定性影响。顾客的看法决定了这家门店是什么样的门店，它销售的产品是什么，以及它会不会成功。

在竞争达到白热化的今天，如何“创造顾客”已经成了门店生存必须要考虑的问题。为了争抢客源，众商家可谓是用尽浑身解数，只可惜依然有不少门店因缺乏客源，最终只好关门大吉。那么，门店到底应该如何“创造顾客”呢？

1. 明确目标定位

要“创造顾客”，首先要清楚门店的目标市场是什么，目标顾客又是谁，倘若连哪些人会光顾店面都不清楚，“创造顾客”便成了无稽之谈。因而，门店要想提升店面人气，创造丰富的客源，首先就要结合门店的实际情况，对所在社区居民的收入状况、消费习惯、购买方式等进行调查，确定门店的定位。比如，门店附近的居民消费水平一般，店长就要把门店定位为中低档，以经营中低档商品为主来吸引顾客；若门店附近的居民属于收入水平较高的“白领”一族，店长就要把门店定位为高端产品经营店，以经营高档次商品为主。门店只有明确了定位之后，才能更加明白消费者的需求，更好地满足目标客户，从而赢得他们的青睐。否则，眉毛胡子一把抓，到最后只能是“竹篮打水一场空”。

2. 用产品吸引顾客

产品是市场营销中最重要的因素，是门店与顾客之间达成交易的关键所在。

用产品吸引顾客、创造顾客要注意两个方面。

（1）产品的质量

顾客光顾门店的目的就是为了获得商品的使用价值，商品的质量越好，使用价值就越高，也就越能满足消费者的需求。所以从产品质量方面来讲，门店应该做到把好产品质量关，要坚决杜绝假冒伪劣商品、残次品的出现，随时检查产品的出厂日期和保质期，防止出现过期产品，以高质量赢得消费者的信赖。

（2）产品的特色

没有特色就不会给人留下鲜明的印象，也就很难吸引顾客的注意。商品琳琅满目，但缺乏深度、有层次的组合，往往会给人一种很压抑的感觉，使大部分顾客再也不愿意“回头”。顾客流失严重，“创造顾客”的难度就更大了。因而，店长应当注意突出商品的特色，给顾客留下深刻的印象，赢得顾客的青睐，这样才能提升门店的人气。

3. 提高服务质量

顾客所需要的不仅是优质的产品，还有优良的服务。试想，如果你进入一家商店，商店的服务员态度生硬，板着“阶级斗争”的脸，瞪着“提高警惕”的眼，语气差劲，态度恶劣，那你还会想要光顾这家门店吗？劣质的服务容易把顾客赶跑，服务不好往往会成为一些商店人气不旺的根本原因。

无论是优质还是劣质服务，都会在顾客脑子里留下长久且深刻的印象。因此，对顾客好一点，尽心尽力地为他们提供优质服务，如果他们喜欢你，自然会心甘情愿地多花钱购买你的商品。

4. 巧用各种价位法

价格是顾客购买产品最敏感的话题。一般而言，人们总是希望花最少的钱购买到最多、最符合心意的商品，因而，巧妙地利用人们的购物心理进行定价是吸引顾客、创造顾客的重要法宝。

（1）低价渗透策略

低价渗透策略即从源头做起，通过大批量直接采购商品、减少中间环节、提高经营效率、争取厂家让利等措施，千方百计降低成本，实现薄利多销。

（2）平头低尾法

平头低尾法即将价格的“龙尾”微微向下落一落，比如商家常用的将100元产品的价格稍微降低到98元，给人一种一下子降了很多的感觉。这实际上也是利用消费者的购物心理来进行产品定价的方式。

（3）以盈补缺法

以盈补缺法即以低价吸引顾客大批购买自己的某种产品，同时，在相关系列产品上赚取利润。

（4）错觉定价法

超市在标售商品的价格时往往会将一斤的产品标价改写成半斤的产品标价，这样在视觉上给消费者一种远远低于原来价格的错觉。但其实二者单位定价相差无几，而且后者往往还略高一些，这就是错觉定价法。

（5）季节折扣

季节折扣即根据产品淡旺季和消费者购买的时间、数量，来决定是否给予折扣，以及给予多少折扣的定价策略。

（6）其他定价法

比如在商品调价时，用红笔把原来的印刷价涂掉，旁边用黄色笔手写上新的价格。这种方法看起来简单，其实它也是利用顾客心理定价的一种策略。

5. 实行促销活动

促销是提升人气最快捷、最有效的方法，但前提是一定要懂得促销的方法，否则就有可能适得其反。关于促销的方法，本书的第 10 章已经详述过了，这里就不再赘述。

6. 运用“250 定律”

“250 定律”告诉我们，如果门店能够赢得一位顾客的好感，就意味着赢得了 250 个人的好感；反之，也就意味着得罪了 250 名顾客。因而，门店经营者应当充分重视“250 定律”，必须认真对待身边的每一位顾客，为他们提供优质的服务，通过顾客来“创造顾客”。

VIP 顾客资源的开发与维护

随着中国贫富差距的拉大，经营管理中的“8020 原则”所阐述的现象越来越明显。另外，与创造新顾客相比，开发和维护 VIP 顾客所需要的成本远远小于它，维护一个 VIP 老顾客有时仅仅只需要一个电话、一条短信、一份小礼品或者是一张明信片等。因而，无论从控制成本还是赚取利润方面来讲，开发和维护 VIP 顾客都是门店经营的有利选择。

1. 开发 VIP 顾客

现代市场竞争越来越激烈，也越来越复杂，这要求门店经营者不能再像从前一样一味地等着生意上门，而应主动出击抢夺市场。

VIP 顾客的主要来源包括：老顾客中潜藏新的 VIP 顾客，老 VIP 顾客带领新 VIP 顾客，VIP 招募，广告宣传、促销活动等带来的 VIP 顾客，异业联盟，内部资源共享，日常开发等。

开发 VIP 顾客首先要对顾客群进行分析调查，针对各类消费群体，根据所得的数据，分析门店的目标 VIP 顾客，明确什么是门店应该注重的 VIP 顾客人群，并锁定相应的 VIP 目标顾客；其次是举办各种相关活动，比如提供产品咨询、免费办理会员优惠、进行异业联盟等，尽量扩大 VIP 顾客的开发范围。

具体方式主要包括以下几种。

①对前期市调的有购买力和购买需求的消费群体发放宣传单并进行有针对性的宣传，告知顾客门店经营的商品以及活动内容等，对顾客提出的问题做到有问必答，对有意向的顾客进行预约登记。

②通过各种宣传方式，比如在小区宣传栏处粘贴门店宣传写真、形象广告；通过物业宣传门店的 VIP 服务金卡，告知潜藏顾客群凭金卡进行购买可以获得最高让利；在相关论坛或网站上发布活动信息、促销活动内容；进入小区办理发放会员手册、宣传单以及会员卡，做好目标顾客的预约活动等，来扩大 VIP 顾客开发的范围。

③服务好店内的每一位顾客，以优质的服务、优质的产品以及有吸引力的优惠来说服顾客成为门店的 VIP 顾客。

④服务好门店内的每一位 VIP 顾客，通过 VIP 顾客的口碑来开发新的 VIP 顾客。

⑤通过与一些门店或企业进行合作联盟来开发 VIP 顾客。

2. 维护 VIP 顾客

VIP 顾客的维护手段有很多，主要是要为他们提供更优质的产品和服务，要细致入微地为 VIP 顾客着想，全面提升 VIP 顾客在商品购买过程中的全程感受，并且在售后服务上要使 VIP 顾客明显感觉到自己有别于一般客户。

对 VIP 顾客进行有效维护，维护技巧主要包括以下几点。

（1）建立 VIP 顾客管理档案

顾客管理档案是门店营销管理的重要内容。建立完善的客户管理档案对于提高门店的营销效率、扩大市场占有率、与顾客建立长期稳定的业务联系等，具有重要的意义。

顾客管理档案的基本内容包括如下几点。

①客户基础资料。即门店所掌握的顾客的最基本的原始资料，它是建立顾客管理档案的起点和基础，主要包括顾客的名称、地址、电话。

②顾客的特征。主要包括顾客的个人性格、嗜好、家庭、学历、年龄、能力、消费方式等方面。

③顾客的消费状况。主要包括顾客目前及以往的消费记录、消费偏好、信用问题等。

VIP 顾客的管理档案需要定期更新，可以在每次销售后对其信息进行更新，每月进行资料汇总整理分析，并将其作为门店月会内容上报，提供公司决策促销。

（2）对 VIP 顾客进行产品推介

针对卖场的自身情况、产品结构情况，门店经营者可以给 VIP 顾客发送一些本季畅销商品的使用、保养和选购小常识，让顾客在体会优质服务的同时也能增长产品知识。

（3）给予 VIP 顾客关怀

客服人员可以对 VIP 顾客进行人情化的情感维护，把他们当成自己的亲朋好友一样接待，站在他们的角度关心他们的消费，接受他们的缺点，放大他们的优点，对与他们同行的人要爱屋及乌；对 VIP 顾客要特别强调一对一服务，自己的 VIP 顾客尽量自己接待，保证服务的延续性；可以通过一些细微的动作或方式来表示对顾客的关怀，比如在天凉天冷、雨天雪天时，都可以发送一条关怀短信，在VIP顾客生日、节假日的时候，可以送上祝福短信或一些小礼品，定期对VIP顾客进行电话回访等。打电话、发短信、发邮件、快递甚至是上门关心等都是不错的关怀VIP顾客的方式。

（4）活动邀请

对于大型的促销活动、特别活动或相关的会员活动，门店可以适时进行回访或短信发送，告知VIP顾客促销活动内容。这里需要注意的是，这些活动要突出VIP顾客与普通顾客的区别，让VIP顾客感受到自己作为VIP成员的特殊性，让他们更愿意当一名忠实顾客。

微笑服务是重中之重

饭店巨头希尔顿曾经说过："如果缺少服务员的微笑，好比花园失去了春天的阳光与和风。"微笑可以缩短门店员工与顾客之间的心理距离，为深入沟通与交往创造温馨和谐的氛围。在社交场合，谁都喜欢看到一张热情、真诚的笑脸。总之，微笑是人际交往中最美丽的语言，也是门店员工在工作当中面对顾客推销商品时的无声语言。

在现代职场中，微笑服务对于工作越来越重要，它是人际关系的磁石，是有效沟通的法宝。对于门店来说，微笑更是店员拉近与顾客距离的第一法宝，更是推销商品完成交易，使门店盈利的无声的推销策略。所以，如果店员没有亲和力的微笑，无疑是重大的遗憾，甚至会给工作带来不便。既然微笑如此重要，那么我们平时一定要做好训练。不仅要掌握微笑的方法，还要注意要正确地微笑。

1. 微笑的要求

放松面部肌肉，嘴角向上微微翘起，让嘴唇略呈弧形。最后，在不发出笑声、不露出牙齿、不牵动鼻子，尤其是不露出牙龈的前提下，轻轻一笑。

2. 闭上眼睛，调动感情

可以回忆美好的过去或展望美好的未来，并发挥想象力，使微笑源自内心，有感而发。

3. 面对镜子微笑

使面部肌肉、口型、眉、眼在笑时达到和谐统一，并有亲和力。

4. 当众练习法

按要求当众练习，克服羞涩和胆怯的心理，使微笑大方、规范、自然。也可以请店里同事对自己的微笑进行评价后再对不足之处进行改进。

5. 把握微笑的时机

在与顾客交谈中，在与对方目光接触的瞬间是展现微笑的最好时机，在这个时候微笑更能促进双方心灵的友好互动。

6. 注意微笑维持的长度

3 秒钟左右是微笑的最佳时间长度，时间过短会给人皮笑肉不笑的感觉，过长则会给人假笑或不礼貌的感觉。

7. 把握微笑的层次变化

微笑有多种，有眼中含笑、浅浅一笑，也有哈哈大笑。在与顾客整个交谈过程中，微笑要张弛有度，有收有放，在不同的时候我们要使用不同的微笑。如果店员面对顾客一直保持同一种笑，表情会显得僵硬、呆板，就可能会被顾客认为是傻笑。不同的笑，也可以显示不同的思想态度和感情色彩，产生不同的影响。店员在与顾客交谈中，放声大笑或傻笑，都是非常失礼的。

在社交场合，微笑是一个人最基本的礼仪，它是一种无声的语言，也是一种最美丽的语言。在工作中多给顾客一个微笑，你就可能多卖出去一件商品。同时更要把握好微笑的尺度，这不仅可以促进交易，还能使门店有一个良好的形象，更能显示你的内在修养。

增加顾客的回头率

顾客回头率是指再购买的顾客数量占门店总顾客数量的比重，它反映了门店对顾客的保持能力以及顾客对门店的忠实程度。提高顾客回头率，保持已获得的顾客，对门店来讲，是极为关键的。没有顾客，门店就无法经营，但只顾争取新顾客，而忽视了老顾客，对于门店而言，往往会得不偿失。因而，为了不断提高门店的经济效益，就必须在争取新顾客的同时，加强巩固对老顾客的服务意识，增加顾客的回头率，巩固顾客的忠诚度。

1. 不断地为顾客提供优质产品和服务

随着市场竞争的加剧，为了吸引顾客，商家越来越注重投其所好，但是，在加强产品吸引力的同时，提供优质的产品和客户服务却是吸引客户最为有效的手段。通常，只要产品的质量好一点，附加值多一些，门店的服务质量好一点，顾客都愿意多次回头光顾。

门店尤其要重视细节的服务对于顾客的影响，比如，在店内提供阅读、音乐、视频、茶水等一体化服务，让顾客享受购物带来的满意与舒适。

2. 建立顾客档案，更好地一对一为顾客提供“暖心”服务

顾客档案的建立对门店维护老顾客尤其重要。即使店员的记忆力再好，最终也不可能记住每一位顾客的姓名、年龄、职业、喜好习惯等，而这些对于维护老顾客，增加顾客的回头率又极其重要。因为只有记住这些，才能有针对性地为顾客推荐商品，在为顾客服务过程中也才能做到更加细致。

3. 记住顾客的相关特点，想顾客之所想，多与顾客沟通

在为顾客提供服务的过程中，首先，要仔细打量并记住顾客的长相或他们的特点，当顾客下次再来时，要能够认出他们，跟他们打招呼，熟识之后，要像朋友一样与他们交谈，让顾客感受到自己是被重视的；其次，在与顾客交流过程中，要多聊对方感兴趣和令对方感到快乐的话题，让顾客感觉到你是值得信任的朋友和亲人，要想尽一切办法让顾客能在店内多留一会儿，增加购买机会。

4. 不断地为顾客提供新品上市及优惠信息

利用顾客管理档案，针对顾客的喜好和需求，不断地为顾客提供产品信息，让顾客认为门店的产品一直在更新，这样可以增加顾客对门店的认同感和对新产品的好奇心，引导他们再次进店消费。而优惠信息的传递，则能够直接增加顾客的进店率和消费量。

5. 通过“优惠”服务来增加顾客回头率

按照不同的顾客类别，可以设立并赠送积分卡、贵宾卡和会员卡等卡种。这些卡的作用从根上本来讲是为了给顾客带来尊宠感，并让顾客享受一定的优惠。当然，还可以通过一些实质性的附赠品来吸引顾客再次光顾。

学会挽回流失的顾客

挽回顾客是一门艺术，《挽回顾客——如何重新抓住流失客户并使他们忠诚》的作者吉尔告诉我们，花费同样的精力，只有5% 的可能争取到新顾客，却有 40% 的可能重新挽回老顾客，因为最艰难的销售就是用新产品去征服新客户。美国市场营销学会 AMA 顾客满意度手册所列的数据也显示，争取一个新顾客比维护一个老顾客要多 6 ~ 10 倍的工作量。因而，门店经营者应该把注意力集中在流失的顾客身上，挽回老顾客，是降低销售成本的最好方法。

1. 为何客户会流失

要想挽回流失的顾客，首先要清楚顾客流失的原因。顾客流失的原因，归结起来基本包括以下几点。

（1）门店人员流动导致顾客流失

这是现今顾客流失的重要原因之一，特别是门店内高级销售管理人员的离职变动，很容易带来相应客户群的流失。

（2）竞争对手夺走了客户

任何一个行业，顾客毕竟是有限的，特别是优秀的顾客，而往往优秀的顾客会成为各大门店争夺的对象。对大顾客动之以情，晓之以理，诱之以利，是每一家门店都会的策略。

（3）市场波动导致失去客户

门店的资金出现暂时的紧张，或者门店经营出现意外的灾害等，都会让市场出现波动，波动期往往是顾客流失的高频段位。

（4）诚信问题让客户流失

有些门店工作人员喜欢向顾客随意承诺条件，结果又不能兑现，或者返利、奖励等不能及时兑现给顾客，门店的诚信就会受到影响。一旦出现诚信问题，顾客往往会选择离开。

（5）大门店轻视小客户

店大欺客是营销中的普遍现象，这会给顾客带来不好的消费感受，门店在顾客中的口碑便会受到影响。

（6）沟通不畅引起顾客的自然流失

有些客户的流失属于自然流失，门店管理上的不规范，与顾客长期缺乏沟通，对老顾客的当下情况一无所知，无法很好地去维护门店的老客户，那么流失顾客资源便是非常正常的事情。

2. 挽回流失客户

要想挽回流失的顾客，门店经营者可以从以下几个方面着手。

（1）调查顾客流失的具体原因

了解原因才能采取措施，门店要通过对市场、竞争对手和顾客的调查来了解门店顾客流失的主要原因，尤其是要访问流失的顾客，争取把流失的顾客找回来，具体要做到以下几个方面。

①设法记住流失的顾客的名字和地址。

②在最短的时间内通过电话联系、直接访问等方式与顾客交流。在访问顾客时，无论以何种方式都应当注意态度要诚恳，最好能够送上鲜花或小礼品表示歉意，并虚心听取他们的看法和要求。

③认真地记录顾客的意见，与他们一起商量满足其要求的方案。

④尽可能地满足顾客的要求，用真诚挽回流失的顾客。

⑤制订措施，改进门店工作中的缺陷，预防类似的事件再次发生。

（2）加强门店管理，提升门店形象

门店要通过加强自身管理和客户管理，来赢得更多的顾客与市场，获得更大的经济效益与社会效益。通过加强管理，在顾客和社会公众中树立、维持和提升门店的形象，以此来创造顾客的消费需求，改善门店顾客流失的现状。

（3）严把产品质量关

产品质量是门店为客户提供有力保障的关键武器。唯有以好的质量作为依托，门店才有可能取得长足的发展。门店要调查客户的现实和潜在的要求、顾客购买的动机、行为和能力，从而确定产品的销售方式和销售数量，进而提供适销对路的产品来满足或超越顾客的需求和期望，顾客对门店内的产品满意了，顾客光顾的次数自然也就多了。

（4）不断进行创新

门店只有通过不断创新，才能立足于瞬息万变的市场环境，面对个性化、多样化的顾客需求，掌握优胜劣汰的游戏规则，保持门店持续发展与壮大。创新不仅是指商品上的产品更新，还包括技术创新、管理创新、服务创新等，这些都是不断提高门店核心竞争力的法宝。没有创新，门店就会远远落后于市场，客户流失的概率也会大大增加。

（5）加强与顾客的信息联系、沟通与反馈

沟通是销售过程中最不可或缺的，门店要挽回流失的顾客，很重要的一点就是与顾客沟通，了解顾客的需求、意见等，或者给顾客提供与门店有关的产品和服务信息，让顾客对于门店的产品和服务有充足的了解，从而做出他们的决定。

与信息沟通紧密相连的就是对信息的反馈，对此，门店应实行快速响应客户的战略，对于顾客提出的要求、问题、意见或建议等，应及时地给予回应，适当地满足顾客的需求。无论最终能否达到顾客的要求，都不应让客户长时间等待，及时回馈是基本的礼仪。

（6）放弃“无效”顾客

所谓“无效”顾客主要是指许多毫无贡献的顾客或经常无理

取闹影响门店经营的顾客。对于这些顾客，如果门店所采取的很多服务方式都不成功，那么从现实的角度讲，最好是鼓励这些顾客“主动流失”，在顾客无法主动流失的情况下，门店员工可以选择不为其提供服务，从而逐渐放弃这些“无效”顾客。

案例 顾客的流失与挽回——伊利的顾客经营之道

在中国的奶品行业，伊利、蒙牛和光明三大品牌的市场占有率达到了全国市场的50%，三大品牌之间的相互竞争成为奶品市场竞争的重点。伊利曾以绝对优势多次蝉联乳品行业首位，可见，无论是在经济、技术、文化还是在社会影响力上，伊利都已经展示了行业领导者的绝对优势。然而，在一系列争夺奶品市场的竞争中，伊利仍然面临着巨大的威胁。发展新客户、防范老客户流失、维护老客户的忠诚、及时处理好客户关系等问题，都成为伊利长期发展的重要内容。

客户流失曾经一直是令伊利集团人员头疼的重大问题，伊利客户流失的原因主要包括外部原因和内部原因，其中，外部原因包括以下两点。

第一，与蒙牛在竞争过程中显示出来的诸多不足之处，比如，在中低段奶品上，蒙牛产的UTH奶（超高温灭菌奶）品种类比伊利丰富，并且获益更大；在乳饮料上，蒙牛凭借着“超女”这一娱乐节目的优势，赶超了伊利的优酸乳；在高端奶品的生产上，伊利对高端奶品的开发略显不足。

第二，伊利的广告策略不及蒙牛，比如，蒙牛通过“神舟”事件、“超女”娱乐节目、“送奶工程”公益活动、“NBA”体育活动等营销方式，极大地提高了自身品牌的知名度，伊利的品牌忠诚度相反却因此而受到了削弱，导致顾客流失严重。

内部原因包括以下两点。

第一，在产品质量上，伊利涉嫌质量问题的事件并不少见，虽然其不断标榜自己实行了严格的质量管理，但一些质量投诉报道却频频见诸报端和网络，比如，在南昌销售变质牛奶，在长沙销售臭奶，在浙江导致消费者腹泻等。这严重打击了消费者的信心。

第二，在处理顾客投诉问题上，网上伊利的投诉事件比比皆是。而伊利对此给出的处理态度着实令消费者失望。尽管伊利一再标榜其为客户服务的“五心”标准，但在具体实施方面，其服务确实乏善可陈，由于伊利在服务方面的不足，而造成客户流失的恶果更是显而易见。

另外，受到 2008 年三聚氰胺事件的影响，伊利的客户流失量更是达到新高。据伊利表示，受三聚氰胺事件影响，在 2008 年 10 月，伊利下架产品价值达 64 亿元。而该月份，牛奶的销售量降到了最低，只有以前的三分之一。据伊利公布的三季报数据显示，2008 年伊利第三季度净亏 2026 亿元，这个数额是当年伊利上半年净利润 1. 17 亿元的近两倍。

三聚氰胺事件后，伊利集团面临的是挽回成千上万的客户的流失，重塑企业在消费者心中的形象。能否成功挽回流失客户，能否成功树立消费者心中放心型企业的形象成为伊利发展之路上的重大转折点。

对此，伊利集团主要采取了以下措施。

首先，通过三清理、三确保、两头抓、数字化参观平台等方式，实行全面的质量管理、监测。“三清理”工作主要围绕原料供应、库存产品、市场产品三个方面；“三确保”工作是指确保所有的产品都必须经过企业自身和国家质检部门的严格检查后再出厂，确保更加严格地对原奶收购环节进行检测，从源头杜绝问题的产生以及确保奶农利益；“两头抓”主要抓的是原奶和出厂；而“数字化参观平台”是指伊利率先推出的24小时网络生产直播平台。

其次，通过调整营销策略来挽回流失的顾客，主要调整的营销策略包括：产品策略，即由国家质检部门检验合格的批次产品，保证质量；促销、价格策略，即伊利为了表达对消费者的歉意，通过买一送一、下调价格等方式挽回老顾客；渠道策略，即伊利通过首创奶牛合作社，调动了现有的产业链资源，实现了利益共享、风险共担。

再次，通过事件后对消费者进行妥善安抚和处理来挽回流失的顾客。比如，伊利在事件后迅速发表道歉声明，宣布召回全部问题产品，并承诺今后杜绝此类事件的发生；伊利还在官网上开辟了投诉服务专区；对相应产品的生产线进行全面整顿；抚慰消费者的情绪，并承诺消费者必定做到奶源现代化建设，做到从奶牛养殖、收奶环节彻底杜绝问题的发生，为此，伊利还与国家科研院所合作建立了风险评价中心，以加强自身的精确化管理。

最后，通过一些企业公关手段，挽回流失的顾客，比如，伊利积极开展了“放心奶大行动”“健康中国”等活动。通过这些公关方式，伊利树立了自身的新坐标，得到了消费者的积极回应，乳品市场的销售回稳，也给乳品的零售商以信心。

随着伊利多项安全措施的实行，带动了消费者信心持续回暖，许多消费者表示愿意重新信任以及购买伊利产品。伊利的产品销量也已大幅度恢复，在2009年的时候，差不多就已经恢复到正常水平的80%以上，而且就近年来的发展来看，伊利仍然保持良性的发展势头。

案例分析

市场竞争从某种角度来说实际上就是企业争夺客户的竞争，吸引和保持客户是企业自下而上发展的使命。尽管前期伊利集团对于顾客流失的问题并没有过多重视，但在三聚氰胺事件之后，伊利充分认识到顾客流失对于企业的影响，也冷静地看待了客户的流失，并采取了相应的措施来挽回顾客，吸引顾客，提高自己企业的形象。

第 13 章

冷静处理客户投诉
——金牌店长的危机管理

门店突发事件的处理原则

无论是什么样的门店，随时都有可能遇到各种各样的突发事件。如何妥善而及时地处理突发事件是考验门店管理者智慧的试金石。

面对突发事件，店长应注意把握好以下几个原则。

1. 预防为主，计划为先原则

虽然具体的安全突发事件难以预料，但其总是有一定的规律可循。只要平时对安全突发事件的相似性进行总结与提炼，积累、丰富相当的经验，对一些突发事件加以控制并不会太难。

面对突发事件，“防为上，救次之，戒为下”，店长应首先坚持以预防为主原则。预防是整个突发事件处理过程的第一阶段。

要战胜突发事件或危机的发生，就必须把应对重点转到事前的主动防范上，要在突发事件发生之前，做好充分的思想准备、组织准备、制度准备、物资准备和技术准备等。

因而，店长应组织店员们做好日常的安全防范工作，消灭安全隐患，减少紧急事件的发生，比如，保持地面无水渍，就可以减少顾客滑倒摔伤而发生的意外事件；定期检查门店的仪器设备，就能减少因设备问题而引发的安全事故。

2. 反应迅速，处置果断原则

突发事件一般具有不可预见性、敏感性、复杂性以及持续性强、涉猎范围广等特点，它们往往会迅速产生巨大的冲击力和震撼力，并在极短的时间内造成一定的破坏，成为社会公众广泛关注的焦点和热点。

突发事件出现后，相关负责人、指挥人员要第一时间赶到现场了解情况，同时要及时向上级报告情况，按照市场突发事件应急处置预案，采取一切必要的措施，尽量掌控店内局势。如果执行力不够，应积极主动地寻求支持与帮助。

3. 以人为本，减轻伤害原则

“以人为本”是一种价值取向，它强调门店经营者要尊重人、依靠人和塑造人；它同时又是一种思维方式，要求门店经营者在分析思考和解决一切问题时，要关注人的需要、人的个性，尤其是人的生命安全。

人的生命是最珍贵的，门店管理人员在应对突发事件的过程中，应把人的生命放在高于一切的地位，把“人”置于应对突发事件时的核心地位，因此所有救援的首要重点是保全和抢救人的生命，其次才是减少财务损失。

4. 依靠科学、专业处理原则

处理突发事件要尊重科学、依靠科学，指挥人员应指挥相关的专业人员进行处理，要发扬求真务实和敢于负责、认真负责的作风，依据一定的程序从容应对，正确处置，提高突发事件的处理成效。

5. 统一指挥原则

突发事件发生后，店长应做好统一指挥的工作，或者交由一名管理人员（最好是最高级别的管理人员）做好统一的现场指挥、安排调度，使突发事件的处理工作能够井然有序地进行，避免出现“多头领导”，造成混乱。

6. 服从命令原则

突发事件发生时，当事工作人员应无条件服从现场指挥人员的命令，按要求采取相应的应急措施。

7. 主动出击原则

突发事件发生时，消极、推脱甚至是回避的态度无疑会使事件继续恶化，相关人员也必将为自己“不作为”的行为而付出更大的代价。因而，指挥人员应主动出击，直面矛盾，要敢于承担相应的责任，迅速、准确地做出相应的决策。

8. 团结协作原则

当事工作人员应团结一致，紧密协作，配合指挥人员的工作，同心协力地处理突发事件。

9. 灵活处理原则

各种突发事件的性质和具体情况都各不相同，应对突发事件时，指挥人员应具体问题具体分析。即使已经有了相应的预案，也应当视相应的情况进行灵活调整，不能受预案束缚而不知变通。

了解顾客投诉的原因

顾客投诉是门店经营者不可避免要面对的事情，处理顾客投诉不仅是门店的工作重点之一，更是门店管理人员应熟知的重要管理环节之一。完整的门店经营管理环节包括了对顾客投诉的处理。处理好顾客投诉的问题，不仅有利于挽留顾客，减少顾客的流失，还有利于店长查找经营管理漏洞，改进工作，有时甚至还能从中发现商机。

只有让顾客满意，投诉处理才算成功，产品销售才算大功告成。而要做到让顾客满意的投诉处理，首先必须重视顾客投诉的原因。顾客投诉的原因多种多样，但概括起来主要有以下五个方面。

1. 产品质量问题

产品为假冒伪劣品，产品质量有缺陷，产品的品种不齐全，产品功能欠缺或者无法发挥原有的功能，给客户提供了错误的信息，产品规格、等级、数量等与顾客的选择不符，产品在运输过程中受到损坏或者产品因包装不良造成损坏等，都会引起顾客的投诉。比如，门店提供给顾客的产品说明书与产品本身不相符，导致顾客不知道该怎么使用产品；门店给顾客的产品属于假冒品；门店给顾客的产品不是顾客原先选择的型号，导致顾客无法正常使用该产品等。

2. 服务质量问题

该问题引起的投诉主要是由于门店所提供的服务没有达到质量标准，或者有重大的质量问题。比如，服务人员没有认真回答顾客的问题，对顾客的提问感到不耐烦、敷衍了事，对顾客冷漠、爱搭不理的；收银员作业不当，让顾客结账等待的时间过久；缺少顾客要求的送货服务或者其他服务形式等，都会使客户感到不满而投诉。

3. 门店内部的原因

门店内部体系出现问题，比如，门店缺乏足够的资金购买相关的服务设施；门店因店员不够导致服务质量下降；门店职责分配比较混乱，各个员工职责不明，出现问题时总在相互推脱、相互指责等。这些也都会降低顾客的满意度，导致顾客投诉。

4. 顾客的期望值得不到满足

客户投诉与其本身的期望值有很大关系，顾客购买产品时，对产品本身和门店的服务都抱有良好的愿望和期盼。如果这些愿望和要求得不到满足，他们就会失去心理平衡，产生心理落差。这种顾客期望值与得到的实际价值之间的落差，如果不能得到有效控制和补偿，顾客就会由此产生抱怨和投诉的行为。顾客期望值得不到满足的原因主要有以下几点。

（1）夸张的宣传手段

门店在进行广告或促销宣传时，如果过分夸大产品效果或服务质量，一旦顾客发现门店无法实现这些承诺的时候，他们就会抱怨，甚至投诉。

（2）产品价格高于顾客的期望值

顾客在购买某一产品时，心中常常都会有一个预期的价格浮动值，产品的价格若超过了其预期价格的上限，抱怨、不满就会产生。

（3）低于期望值的品质和服务

品质是产品的关键，服务是门店经营的工具，若是品质出了问题，或者服务没有达到顾客的期望值，那么顾客投诉的概率就比较大。

5. 客户自身的原因

有时，顾客因自己对门店的产品或服务缺乏了解，产生误会而错误地选择了投诉，这种投诉一般属于无效投诉。对于这种顾客，门店工作人员要耐心进行解释，帮助顾客解决实际问题，这样不仅能够解决顾客投诉的问题，还能培养顾客对门店的忠诚度。

处理顾客投诉的原则

门店的经营之道，除了要吸引顾客外，更重要的是要能留住顾客，让来过的顾客在有需求时愿意再次光临。因此，面对顾客的投诉或抱怨，门店管理者应当转变思维模式，寻求可以解决问题的方法。

顾客投诉的原因和目的各不相同，有些顾客在遭遇不满之后，要求在物质上得到补偿以求得到平衡；而有些顾客则更加注意精神上的满足，他们渴望得到门店的重视和尊重。但无论出于何种原因和目的的投诉，门店管理者都应注意遵守处理顾客投诉的七项基本原则。

1. 正确的服务理念原则

作为服务性行业，店长应经常开展一些学习活动，加强培养员工的现代服务理念和行业潮流意识，不断提高全体员工的综合素质和业务能力，帮助员工树立全心全意为顾客服务的思想。在处理顾客投诉事件时，处理人员一定要注意以顾客为优先考虑对象，注意自己的态度，避免感情用事，要始终牢记自己代表的是门店的整体形象。

2. 有章可循原则

门店要制定相对完善的制度，要保持门店服务的统一和规范，要确定专门的投诉事件处理人员来管理顾客的投诉问题，这样在面对顾客的投诉时才能做到有章可循。另外，店长还要注意做好预防工作，防患于未然，尽量减少顾客投诉。

3. 及时处理原则

拖延时间绝不是解决问题的上策，有时甚至会把事情越弄越糟。因而处理人员在处理顾客投诉时要态度主动，积极推进，切记不要拖延时间，更不能推卸责任。要注意接待投诉是重要而又紧迫的工作，它应先于手头的其他工作。所有店员、各部门应共同合作，迅速作出反应，及时向顾客说明有关情况和事件的缘由，并争取在最短时间里全面解决问题，给顾客一个圆满的答复。

4. 以诚相待原则

门店在管理及服务工作方面肯定存在一些漏洞，服务人员应该充分理解顾客的心情，满怀诚意地帮助顾客解决问题。比如，在顾客投诉时，处理人员要注意专注地倾听，认真地记录，详细列出顾客投诉的问题和要求，表示出解决问题的最大诚意。门店工作人员只有遵守真心诚意地帮助客人解决问题的原则，才能赢得客人的好感，也才能有助于问题的解决。

5. 换位思考原则

没有投诉是买卖双方都非常希望的事情，但有时投诉的确是无法避免的。在这种情况下，门店经营者必须懂得换位思考，适当地站在顾客的立场上考虑问题。顾客的投诉一旦产生，他们自然会强烈认为自己是对的，并会要求门店负责人做出相应的赔偿行为或者道歉。而门店管理者处于卖方立场上，自然希望尽量减少损失，因而他们通常会将投诉处理不合理化。由此，顾客与门店两者的立场便有了差异，若是双方互相不肯退让，那么门店即使在这场立场角逐中赢了，也可能因此而失去顾客。因此，在处理客户投诉时，投诉处理者应尽量避免与顾客发生争吵，要站在客户的立场上来考虑问题，理解顾客的抱怨与不满，并思考正确的解决之道。

6. 分清责任原则

在处理顾客投诉问题时，店长不仅要分清造成顾客投诉的责任部门和责任人，还要明确处理投诉问题的部门或相关人员的具体责任与权限，当然，还要考虑到如果顾客投诉得不到及时、圆满解决时，应当追究的是哪个部门或人员的相关责任，如何追究等。

7. 留档分析原则

投诉处理对于门店来说也是一种经验的积累，对每一起顾客投诉和处理结果，店长应当组织专人负责详细的记录，内容包括投诉内容、处理过程、处理结果、顾客满意程度等。留档分析是为了让门店全体工作人员吸取教训，总结经验，为以后更好地处理顾客投诉提供参考。

摸清顾客投诉背后的真实意愿

遭遇顾客投诉是在所难免的，毕竟每一位顾客对于商品和服务的要求和期待并不相同，若是商品和服务未达到他们的期望，他们就需要寻求一种方式来表达这种抱怨情绪，当然，顾客投诉的原因也不尽然都有着正当意图。

2013 年田小军大学毕业后应聘到了上海的一家很有名气的四星级大酒店当服务员。田小军十分珍惜这份来之不易的工作，因而，工作时一直勤恳敬业。不曾想，就在田小军结束试用期的前一天晚上，发生了一件意想不到的事。

那天晚上，有个澳门来的张先生单独要了一间房，张先生指名道姓地要田小军为他调送一杯咖啡。田小军那时正为其他几位贵宾服务，忙得脱不开身，等到他终于有时间为张先生送咖啡的时候，已经比约定时间迟到了十几分钟。

田小军小心翼翼地为张先生送去咖啡，并面带微笑地对张先生表示自己的荣幸与歉意。然而，张先生却丝毫不领田小军的情，他把手一扬，被碰倒的咖啡溅了田小军一身。张先生没理会，依然抱怨田小军服务不周。田小军知道自己今天是遇上了找碴儿的主，但他也只能在心里苦笑，行为上依然不敢有半点马虎。张先生要什么，田小军就给什么，尽管张先生一点也不肯合作，仍旧一副怒气冲冲、出口伤人的姿态，田小军却毫不介意，始终挂着一脸微笑。

张先生的态度冷漠而傲慢，临走的时候还问："有投诉簿吗?"田小军心里一沉，知道他这是要投诉自己了。田小军一想到这 3 个月来的努力全白费了，内心十分委屈，但出于职业道德和礼貌，田小军仍然面带微笑地双手呈上投诉簿，并真诚地说："请允许我为您莅临我们酒店表示感谢，更为我今晚的服务不佳再次表示深深的歉意。您有什么意见和看法尽管写上去，我欣然接受您的批评。如果您还能给我一次机会，我一定能打动您!"

张先生听了田小军的话，又回味着田小军在服务过程中的点点滴滴，心里不免有些暖意，原本想以严厉的措辞来指责田小军素质低、不称职，想因此得到补偿或减免房费的机会，如今却下不了手了。最后，终是不忍，只能放下手中的投诉簿，坦诚自己因为种种原因把钱弄丢了，希望酒店能够让他先赊账。

田小军忐忑不安的心也放下了，帮着张先生联系经理解决张先生的难处。此后，张先生每次来出差，都住田小军所在的酒店，还帮着酒店招揽了不少客源。

顾客投诉的原因和种类是多种多样的，不是所有顾客投诉都由于商品或门店工作人员的服务不到位造成的，有些顾客投诉是为了发泄个人私愤，有些顾客投诉是因为他对服务有更高的要求，也有些顾客投诉是因为一些个人原因，比如上述案例中的张先生。因此，我们要用辩证的观点来正确分析顾客的投诉，了解顾客投诉背后的真实意图，只有这样，才能对症下药，有效地处理顾客投诉，最终化解顾客投诉。

顾客投诉总的来说可以分为两种，一种是善意投诉，顾客确实是因为产品、服务、价格等方面的实际原因而投诉的；另一种是恶意投诉，也就是顾客出于敲诈钱财、破坏声誉、打击销售或者是单纯为了宣泄私愤等目的而进行的“投诉”。因而，归结起来，顾客投诉背后的真实目的其实主要包括：顾客想圆满地解决处理投诉；顾客想得到赔偿；顾客想发泄怒气，警告对方；顾客想看到门店服务、产品质量等方面的改进等。

鉴于顾客不同的投诉意图，门店工作人员应区别对待。对于恶意的投诉，店长应当做到义正词严，令其立即放弃恶意投诉。如果恶意投诉的情节恶劣，比如对门店形象造成不良影响，或对门店的销售造成损失，店长就应该直接拿起法律武器，通过法律渠道解决；对于善意投诉，门店管理者应当正视顾客的投诉意见，对待顾客投诉切忌躲、拖、哄、吓，只有认真负责、及时处理才能让顾客满意，真正解决顾客投诉问题。

那么，如何揣摩顾客投诉背后所隐藏的真正需求呢？

1. 善于捕捉“弦外之音”

与顾客交谈时，只要门店工作人员留心，就可以从谈话中探知顾客的内心世界。顾客的真实想法有时会不知不觉地在口头上流露出来。

捕捉顾客的“弦外之音”可以通过以下两个技巧。

（1）注意顾客反复重复的话

一句话被反复重复，往往具有不一样的含义。顾客或许出于某种原因试图掩饰自己的真实想法，但这种掩饰无法做到完美无缺，顾客总会在谈话中不自觉地表露出一些蛛丝马迹。这种表露往往表现为反复重复某些话语。

但值得注意的是，顾客反复重复的话语的表面含义也未必是其真实想法，还需考虑与这些反复话语相关乃至相反的含义。

（2）注意顾客的建议和反问

顾客的希望常会在他们的建议和反问的语句中不自觉地表现出来。留意顾客投诉的一些细节，留意他们的建议和反问，有助于把握顾客的真实想法。

2. 注意察言观色

在顾客购买商品以及投诉过程中，对顾客的言语、表情、手势、动作以及其他看似不经意的行为细节，要注意观察。这些行为、表情上的小细节往往透露着顾客的内心世界。只有观察敏锐细致，才能了解顾客的意图，从而采取相应的对策。

3. 把握好反应方式和反应时机

在顾客还没有表达完自己的意见和观点之前，不要做出诸如“好，我知道了”“我明白了”“我了解了”等反应。这样的反应不仅空洞，而且时机也不对，它只会让你无法认真倾听顾客的讲话或阻止顾客进一步地表达自己的真实意图。因而处理顾客投诉时还应把握好反应时机和反应方式，避免错过或误解顾客真实意图的流露。

摸清客户投诉背后的真实意图，是一项既关键而又极具挑战性的工作。它要求投诉处理者既要“独具慧眼”，懂得察言观色，还要有敏捷的思维，能够随机应变。

案例　用真诚化解顾客的不满

邵先生在天津河北区狮子林大街开了一家“天天餐馆”，两个月前他到上海出差，就把餐馆的工作暂时交给他的好友陈先生管理。陈先生并没有这方面的管理经验，再加上他只是代班，所以对餐馆的经营管理也不太上心，处理起事情来比较随便，一般都只是应付了事。

一天，住在附近酒店的马先生因外出有事，要到夜里才能回来。他打算回来之后就到这家餐馆吃晚饭，因此特意到餐馆去问他们打烊的时间。服务员小林告诉马先生说：“先生，我们晚上9点半打烊。”马先生听完之后便匆匆离去了。

当天晚上马先生到达餐馆时，已经是9点钟了。餐馆门口站着服务员小林和餐馆代班主管陈先生，他们正在门前闲谈。马先生也没在意，正想越过他们走进店内就餐的时候，陈先生却立即迎上前说：“对不起，先生，我们的餐馆打烊了。”

马先生听了之后非常生气，他说：“我今天5点的时候问你们几点打烊，你们服务员跟我说是九点半，现在都还没到9点半，你们就说已经打烊了，你们这不是欺骗消费者吗?”

代班主管陈先生说："很抱歉，虽然我们现在还没有打烊，但是厨师们都已经下班，所以我们就停止营业了。"

马先生指着服务员小林说："那为什么你们的这位服务员不事先说清楚?"

小林很不服气地说："这又不是我的责任，厨师几点下班我哪儿做得了主啊，他们提前下班能怪我吗?"

马先生听后非常气愤，于是就和小林、陈先生吵了起来。正当他们吵得不可开交的时候，邵先生恰巧从上海出差回来了。邵先生赶回餐馆时看到了这一幕，于是便上前问马先生："请问先生，有什么事需要我帮忙吗?"

马先生将整件事情的始末告诉了邵先生，还特意强调了小林所讲过的话。小林正要解释的时候，被邵先生阻止了。

最后，邵先生安排厨师为马先生做了一份套餐，还亲自向马先生道歉，并免了马先生的单。这让马先生心存感激的同时也怀有一丝丝的内疚。后来，马先生便把这家餐馆介绍给自己的朋友，帮助餐馆招来了更多的客源。

案例分析

在所有门店中，餐饮店属于高投诉门店之一，这与餐饮店所提供的商品有关，它既提供菜品、酒水等有形商品，也提供服务及其他体验等无形商品，尤其是菜品、酒水等，正所谓众口难调，餐饮店很难满足所有顾客的需求。因此，当一种商品无法满足顾客的需要或与顾客的心理期待不一致时，顾客内心就会产生厌恶感，心生不满，这种厌恶和不满他们通常会以抱怨情绪和投诉方式表达出来。

案例中的马先生便是因对服务不满而产生抱怨的，代理主管陈先生和服务员小林没有想办法化解马先生的不满，反倒与马先生吵了起来，这种做法只会让事态变得越发严重。幸好邵先生及时赶到，他站在顾客的角度来解决纠纷，并真诚地为马先生提供服务，向马先生致歉，最终不仅化解了马先生的不满，还让马先生成为餐馆的忠实顾客，为餐馆带来了更多的客源。

顾客的不满是有因可寻的，化解顾客的不满是有技巧可取的，最重要的是要真诚、用心地为顾客提供服务。

第四部分　会管人，善用人

——金牌店长的领导力修炼

第 14 章

一流团队筑就一流服务
——金牌店长的团队建设

确定招聘标准、方式和流程

要想拥有一支一流的团队，首先要在招聘上把好关，这里就涉及招聘标准、招聘方式以及招聘流程的问题。

招聘标准是规范新进员工的招聘管理工作，完善招聘管理体系，使招聘工作有章可循的依据。招聘标准主要包含了性别和年龄标准、健康标准、性格标准和能力标准。

1. 性别、年龄标准

在对门店各岗位工作人员的招聘中，应聘人的性别和年龄因素是非常重要的。首先，应聘人员的年龄得符合法律规定的可参与工作的年龄，即 16 周岁以上；其次，不同的行业，不同的岗位，对工作人员的性别、年龄的要求也是不一样的。比如，在服装行业，女性时装专卖店的主要消费对象是有职业的和上层社会的女性，所以，要求销售人员最好是具有一定的素养和气质的女性，并能了解时代的最新潮流；又如学生服装专卖店，其主要消费对象是年少的学生，那么店员的年龄应当控制在 20 多岁为宜，这样更容易与青少年沟通。

2. 健康标准

行业与岗位不同，对员工的健康要求也不一样。通常情况下最基本的是必须具备完全的生活自理能力，具备操作能力，无精神疾病或障碍。而具体的，还得根据门店的员工需求以及应聘者自身的情况而定。

3. 性格标准

一般来说，那些性格开朗、自信、待人友好，并且身强体健、精力充沛的人比较适合担任门店员工，为顾客提供热情、优质的服务。

4. 能力标准

这是招聘标准中最为重要的标准。一方面，它要求应聘者必须具备所应聘的职位的扎实技能；另一方面，面对日益激烈的市场竞争，它还提出了诸如要具有一定的知识文化水平，要有快速学习的能力，能快速掌握各种知识与技能等额外的能力要求。这是维系门店的经营销售，保证产品推介成功率的关键。

招聘方式主要包含了内部招聘和外部招聘。内部招聘一般在中、大型或外资企业的门店比较常见，它主要通过晋升和职位转换来实现。晋升是从一个较低职位挑选人员到一个较高的空缺职位，而职位转换是当门店内部有空缺职位时，先在内部发布招聘信息，实行内部招聘，在满足了内部员工职业发展的需要之后，再考虑外部招聘。外部招聘是指门店出现职位空缺时，门店管理者从外部选择适宜的人员补充空缺职位的方法。

外部招聘的方法有很多，比如校园招聘、媒体广告招聘、人才市场招聘、中介机构招聘、猎头公司招聘和网络招聘等。不同的招聘方式，具有不同的优缺点，其效果也是大不相同的。因此，门店应该结合自身的财务状况、紧迫性、招聘人员素质要求等诸多方面，在充分考虑到招聘职位的类型、层次、能力要求的情况下，选择适当的招聘方式。

大多数门店招聘人员的基本流程为：确定人员需求—制订招聘计划—人员甄选—招聘评估。针对这样的基本流程，门店经营者可以确定出最基本的招聘工作流程：首先，提出招聘申请，在审核通过之后，制订人员需求单，确定招聘的职位名称和所需的名额；其次，确定招聘标准并采用不同的招聘方式发布招聘信息；再次，进行人员甄选，包含初试、复试、员工录用等程序；最后，进行招聘评估，主要从招聘各岗位人员到位情况、应聘人员满足岗位的需求情况、应聘录用率、招聘单位成本控制情况等方面进行评估。

如何增强团队凝聚力

团队凝聚力是指团队对每个成员的吸引力、每个成员对团队的向心力，以及团队成员之间关系的程度和力量。它是维持群体行为有效性的一种合力，是维持团队存在的必要条件，也是衡量一个团队是否有战斗力、是否成功的重要标志。团队凝聚力对团队的存在和发展、团队行为和团队效能的发挥都有着重要的作用。因而，增强团队凝聚力无疑是在增强团队的战斗力，在如今的商业战场上，其重要性可谓不言而喻。

1. 稳定员工队伍

门店经营经常面临一个问题，那就是员工流动过于频繁，这一方面与门店本身在用人理念上缺乏培养意识有关。对于不符合自己要求的员工，很多门店经营者很少从培育方面着手解决，而是直接将其解聘，然后再招新人试用；另一方面这也与员工不安心于门店服务工作有关，他们总在期待更好的职业，更高薪的工作。

团队的合作需要磨合期，员工流动过于频繁，显然不利于团队的发展。因而，要想增强团队的凝聚力，门店经营者的首要任务就在于稳定员工队伍，并在稳定员工队伍的基础上，关注员工的成长需要，培养他们对门店的熟悉、热爱与依恋；其次，让员工与领导者之间从相互认识到相互帮助、相互信任、相互亲近，最终使门店内员工与员工之间、员工与领导者之间乃至于员工与门店之间建立精神性的情感联系。

2. 在团队目标上建立共识

目标是一面旗帜、一盏指明灯，它可以带领大家朝着共同的方向去努力，去拼搏。在目标上所达成的共识是团队凝聚力的基础。团队一旦有了共同的目标，每位队员便有了共同努力的方向，向心力不断增强。这些共同的目标，从根本上激发了每位员工的主观能动性，也因着这种主观能动性，团队成员才可以更加紧密地联系在一起，从而增强了团队的凝聚力。

当然，共同目标的设立应当合理、有效、有层次，让团队成员能够看得见、摸得着，并清楚努力的方向。

以促销团队为例，其应当以整个团队的任务为导向，使团队内每个成员明确团队的目标、行动计划。为了能够激发团队成员的激情，还应将目标进行阶段性划分，树立阶段性里程碑，使团队成员对任务目标看得见、摸得着，并能够想象得到目标实现后所带来的团队荣誉感与喜悦感，从而激发他们为实现团队的促销目标而努力。

3. 合理搭配，科学组合团队

一个门店内部包含有各种不同的工作划分，员工会因着这些不同的工作而形成相对不同的团队。在考虑不同工作任务的分配、不同人员的组合等方面，门店经营者首先要注意的是人员与任务之间的合理组合与最优搭配，这是提高团队效率与工作质量的重要保障。对于同一类工作任务，首先，应尽量组合多个团队，引导员工在相同工作中比较。这样一方面能够让从事不同岗位工作的人心理上感到平衡，另一方面也可以避免人力资源的浪费，做到人尽其用；其次是要注意团队内部成员互补的能力和技巧，这有助于推动团队共同目标更好更快地实现。团队成员的互补能力，体现于他们在不同的工作岗位所表现出的不同智力、经验和动力的结合，这种互补的完美结合能激发成员的潜能，使其完成任务更有效率和质量。

4. 制定良好的评估制度和奖酬体系，建立优良的激励机制

人是经济性动物，因而，在人才流动过程中，经济因素必将占有很大比重。但在如今的社会，纯粹的高收入，在某种程度上能够起到暂时吸引人才的作用，却未必能长久留住人才。人都有某种因个人价值实现而得到自我满足的需求，所以，在经济的分配上，关键是要做到分配流程中的公正性、合理性和激励性。

极少有人能够达到不计报酬都还能忘我工作的境界，因而，要想让大家感觉到自己的劳动获得了公平的报酬，那就必须制定科学合理的劳动评估制度和相应的奖酬体系。在这个过程中，门店的经营者一方面应当充分考虑各种不同工作任务之间的差异以及条件，注意在同类工作任务中实行同劳同酬，在不同工作任务之间尽量做到相对的同劳同酬；另一方面，也要充分考虑奖酬制度对团队合作的引导作用，以增强团队的凝聚力。

另外，团队奖励也是一种不错的激励机制，它能够使成员意识到个人的利益和荣誉与他们所在的团队是不可分割的。为了争取团队的奖励，他们必须紧密地团结奋斗，这无疑就增强了团队的凝聚力。

5. 妥善处理各种利益冲突，促进员工内部的沟通交流

每个人都是一个独立的个体，有自身的思想与做事的方式，因而，在团队合作过程中，互相磨合总是不可避免地会伴随着冲突的出现。但是，冲突并非都是坏事，有时候也会有一些正面的影响，它至少证明了员工之间并不是互不关心、没有情感联系、没有创新精神、没有集体意识与对门店的忠诚度的。

门店内的冲突主要包括两种：一种是个人之间或个人与门店

之间的利益冲突，另一种是工作中的意见分歧。因工作中的意见分歧而产生冲突，对于门店经营来说是件好事，这样的冲突解决得好，有助于提高员工的工作积极性，激发员工的工作热情和创造力，提高员工间的凝聚力和向心力，从而使企业不停地创新和进步。但如果是个人利益的冲突，就比较严重，需要门店经营者认真对待，探明冲突发生的原因，做好疏通工作，勇于承担责任，坦诚接受员工的批评和建议，在沟通的基础上引导员工克服困难，相互理解，共同努力来解决冲突。

店长必须学会正确授权

店长工作千头万绪，如果事事躬亲，恐怕有三头六臂也忙不过来。因而，正确授权已经成为现代门店管理者必须具备的素质之一。

正确授权可以使店长从琐碎的事务中解脱出来，集中精力致力于制度建设和工作考核；正确授权有利于店长“发现人才、锻炼人才、培养人才”；正确授权是对店员的一种信任，有利于充分调动店员的工作积极性，挖掘店员的潜力；正确授权还有利于团队建设和各级管理者之间、管理者与店员之间的协调、团结，降低决策失误率。

那么，店长要如何做到正确授权呢？

1. 弄清哪些事务可以授权

店长必须明确授权的范围，也就是说究竟哪些事务你不必亲自去做。授权的范围依据组织的实际情况会有所不同，但这其中还是有规律可循，这值得授权者好好考虑。

（1）任务的重要性

一般来说，一项责任或者决策越重要，其利害得失对于团队或整个门店的影响越大，就越不可能被授权给下属。

（2）任务的复杂性

任务越复杂，管理者本人就越难以获得充分的信息并做出有效的决策。一般对于复杂并且专业性要求较高的任务，应授权给掌握必要专业知识的人来做。

（3）店员的能力或才干

被授权者的能力和才干可以说是影响授权最重要的因素。授权要求被授权者必须具备一定的技术和能力。否则，即便授权成功，店员也可能很难完成任务，可能还会因此而让门店经营遭受损失。

2. 选择授权对象

选好对象是成功授权的关键。

一般而言，中层干部是店长管理门店的主要依靠力量，有管理能力、有责任感、有独立担当能力、有品行和较高威望的中层干部往往是授权的最佳人选。

3. 合理授权

要想正确授权，必须要分清权责关系，分出管理层次，即授权者和被授权者的管理范围要清楚地划分，且授权者要尊重被授权者的管理权限，不能越级管理，要做到“权责一致”。否则，只有责任，没有权力，被授权者将很难进行有效管理。

4. 授权终止时进行评估

店长对授权进行一次评估，可以了解授权的结果是否达到预期目的。店长应该充分和被授权人进行交流，在最终评估时，对于较为满意的被授权者，可给予他们相应的物质奖励或进行表扬；对于不满意的被授权者，可以一起探讨分析原因，做出相应的总结，以便在下次授权时能够做得更好。

5. 正确授权的五点注意

要做到正确授权，店长还要注意以下五点。

（1）授权要量体裁衣

店长授权时应注意被授权者的专长以及能力的大小，特别是他们潜在能力的大小，再决定应授予什么样的职权。根据被授权者的实际情况，注意均衡他们所背负的职责。

（2）授权要激发受权者的责任感和积极性

店长授权是为了将一部分权力下放给店员，让店员凭借一定的权力，发挥其作用，从而实现既定的领导目标。要使被授权者甘愿担当权责，积极并正确地使用权力，引入竞争机制、激励机制显得尤为必要。

（3）授权要充分信任被授权者

权力的授予，应彻底。店长授予被授权者一定的职责，也应给予相应的权力。古人云："任将不明，信将不专，制将不行，使将不能令其功者，君之过也。"店长授予员工的权责若是不一致，所体现出来的就是对所用之人的不尊重、不信任。这样会使所用之人失去独立负责的责任心，严重挫伤他们的积极性，一旦出了事情，就很容易发生推诿现象。

（4）授权要给被授权者明确的权力与责任

要将权力与责任紧密联系起来，交代权限范围，防止受权者使用权力过头或不足。

（5）授权要合理监控与大胆授权相结合

授权就像放风筝，既要放，又要用线将它牵制住。若是一味地牵制不放，风筝是飞不起来的；但若是将风筝随风放飞，那么风筝要么飞不起来，要么失控飞远。唯有放牵得当，风筝才能放得高，放得持久。所以，店长在下放权力的过程中一定要注意收放得当，要有足够的控制力，将授权与合理的监控结合起来，把握好大方向的主导权。

合理运用批评，有效控制行动过程

适当的批评是使人认识缺点、改正错误以利于进步的良药，必要的批评能够促进彼此之间的关系。人都不可避免地会犯一些错误，门店内的员工自然也是如此。因而，店长要想经营管理好门店，做好员工组织工作，就需要掌握一些合理的批评方式。

1. 批评要以事实为依据

批评是很严肃的事情，必须要以事实为依据，道听途说、无凭无据的批评，不仅会给被批评者带来伤害，也有失批评者自己的威信。店长在店员犯错误的时候，自然要进行适度的批评，但必须是在对批评的事实有确凿的证据的情况下进行，还要仔细分析产生问题的原因、其他相关人员的态度和反应等。这样提出的批评才能准确无误，恰如其分。

2. 批评要以理服人

有理不在权高，有理不在声高，店长在做员工思想工作时，应当放下“官架子”，止住“官脾气”，做到“动之以情，晓之以理”，深入浅出地讲明利害关系，让被批评者感到是为他负责。

比如，被人们奉为“经营之神”的日本实业家松下幸之助在训导他人时就特别强调要以理服人。他曾经说过：“任何人都难免犯错误，即使是一些职务很高的人也不例外。对于我们干部的过错，我决不会视之不见，决不会对他们采取姑息纵容的态度。相反，我要提出书面批评，提醒他们改正错误。我批评人的宗旨就是以理服人。”

可见，以理服人是适度批评的重要根基。相反，若是摆不出事实道理却一味地宣读处分条例，只会引起被批评者的抵触情绪，难以使人服气，更不用说要树立管理者的威严了。

3. 批评要选对时机

同样的人，同样的事，同样的批评方式，时机不同，导向的结果有可能会正好相反。松下幸之助先生说过：“当着顾客的面斥责店员，或夫妻吵架，是赶走顾客的‘妙方’。”人都是好面子的，从深层次上来说，它甚至涉及一个人的尊严。因而，选对时机批评店员的错误，往往比当着众人的面责骂他们要有效得多，也不易引起他们的反抗心理甚至是过激行为。

4. 批评要讲究适度

“适度”讲究的是把握分寸，语言行为等要恰当。一般来说，店长批评和否定员工，大都本着“团结—批评—团结”的原则进行，批评的目的是要把问题谈透，而不是把员工骂得一无是处，最终闹得大家都不欢而散，当然，更不能是毫无纪律和威严地与被批评者说笑。

因此，虽然是批评，语言也要讲究。一方面，批评者切不可气势汹汹，一团杀气，即便员工所犯的错误比较严重，也不能大动肝火，吵吵嚷嚷，弄得全店上下不得安宁；另一方面，批评用语要有分量，员工犯了错误，需要的是批评而不是褒奖，如果批评时语言没有分量，员工就容易变得有恃无恐，制度的威严、店长的威信都将受到影响，从而造成赏罚不明、纪律松弛的结果，那么，批评便也失去了它的意义。因而，店长在批评员工时应尽量考虑周全，做到有理、有节，适度批评。

5. 批评要对事不对人

其实，人和事本是统一的，因为“事在人为”，具体的事都是具体的人做出来的，所以纠正员工所犯的错误，就等于是间接批评了员工，因为这种方式在批评者与被批评者之间架构起了“需要被解决的问题”这一桥梁，使得批评对人的冲击力变得间接。心理学家研究表明，人们对直接批评的接受率只有 20%，而对间接批评的接受率却高达 80%。因而，对事不对人的做法是增加批评有效性的技巧。如何对事不对人？简单地说，就是在感情上对批评者要委婉，在事情上则要抓住直接、本质的问题，通过事实做人的工作。

6. 批评要讲究方法

任何人在遭到领导的斥责之后，都会垂头丧气，丧失信心，心理承受能力低者甚至会自暴自弃。这就需要批评者在批评的时候，注意批评方法的使用。真正善于领导的门店经营者，在批评完员工之后，一定不忘立即补上一句安慰或鼓励的话语。实践证明，“斥责 + 倾听 + 慰勉”的“‘三明治’批评法”是一种通用的好方法。对犯错误的店员进行批评教育很重要，但后续的管理同样重要，它关系到批评者与被批评者自省以及自省后的“道歉”问题，也关系到批评效果是否能够达到预期目标的问题。

7. 批评方式要因人而异

人由于个性和修养不同，对同一批评会产生不同的心理反应。面对批评，人们主要的反应可以归为四类，即迟钝型反应、强个性型反应、敏感型反应以及理智型反应。迟钝型反应的人主要表现为对批评的满不在乎；强个性型反应的人主要表现为自尊心强，自我保护意识强，个性突出，遇事好冲动，受不了当众批评；敏感型反应的人主要表现为感情脆弱，脸皮薄，爱面子，受到斥责难以承受，意志消沉，甚至一蹶不振；理智型反应的人主要表现为能够坦率认错，并从错误中吸取教训。

鉴于不同人的不同个性，店长在批评时，应区别对待，灵活运用多种方式。对思想麻痹者，应用警觉性批评法，抓住他们重视的点，有效地进行批评；对性格耿直者，应用直接批评法；对自觉性高者，应用启发式自我批评法；对敏感者，应用暗喻批评法；对问题严重、影响较大者，应用公开批评法……正确的批评要求批评者在选择批评方式时要做到细密周到、恰如其分。

案例　正确授权，让店长更轻松

40 岁的林芳是杭州一家服装店的店长，该服装店是全国连锁店，林芳曾在连锁店的总部工作了 5 年。如今，总店超级销售主管员变成了初阶门店店长，角色易位，一连串问题也跟着来了。

林芳的上司有个习惯，那就是在周五会议结束后开始发E-mail提出要求，让各部门负责人周一时将进度报告上交。总店有十个主管，但唯有林芳和另外一个主管经常被老板紧盯，只因为她们分别负责了门店五分之三与五分之二的业绩。于是，林芳常常需要花一整个周六，有时甚至还有半个周日的时间，逐一打电话询问下属，以便完成上司布置的任务。

转变角色后，林芳很快发现一个大问题：因为一向都是老板跟林芳要业绩，现在却变成了她去求下属帮忙。作为被重点紧盯的门店店长之一，林芳忍不住向同期的新手店长大吐苦水。两人聊了一段时间后，得到了一个解答：挤牙膏理论。“怎么挤牙膏最省力?”林芳不禁自问，“当然是从前面啊!”寻找到答案的林芳开始着手实践“挤牙膏理论”。

她认为，店长除了要做长期计划，也要交短期成果。而短期成果要想做得快、做得好，就需要有得力的助手。于是，林芳开始观察了解身边的同事，观察了三四个月之后，最后她找出了一两个关键员工，他们资历深、绩效好，乐意分享工作技巧，帮助其他同事，甚至能担任安抚同事情绪的导师。林芳常将这些关键员工称为“小领导”。

有了“小领导”之后，林芳开始将一些权力下放，并给予这些“小领导”充分的信任。比如在执行细节方面，林芳绝不会过问业务员如何报价。她会先与业务员沟通底线，之后就给予业务员完全的支持。如果客户对业务员说：“我不想跟你谈，找你老板来!”林芳则会告诉客户：“如果直接找我的话，那你拿到的价钱一定是最贵的!”又比如在策略规划上，每季的开始，林芳都会与每位“小领导”面谈，找出几件本季最重要的计划，并确定执行方向。而对于具体的执行过程，林芳只是每两天跟他们讲一次电话，确认工作进度，其他的则由“小领导”自己组织本组员工执行。如果他们在执行过程中因经验等问题出了困难，林芳不会横加干涉，只会以自己的经验稍加提点，比如如果业务员的计划是“打进高档消费品产业”，做法是“每天联系客户”，林芳可能就会提醒，“通过合作厂商推荐，锁定关键 20% 的顾客”可能才是正确的方法。

如今，林芳所负责的服装店内的“小领导”队伍不断壮大，无论是销售部、采购部等各个部门基本上都有了自己的“小领导”。现在，林芳只需要把 80% 的时间都放在这几个“小领导”身上，就能掌握整个团队。

林芳认为，把细节交给小领导负责，自己不但多了做计划的时间，还可以培养接班人，一举两得。“我又不是小学老师，不需要每天问学生功课写完了没，写得好不好，细节让下面的‘小领导’来把握就好！”她笑着说。

案例分析

案例中林芳成功地通过管理团队实现了管理整个门店的经营，其授权的方式值得每一位店长借鉴学习。授权的基础，在于充分的信任。林芳通过每两天至少要跟业务员讲一次电话，确认工作进度，以此建立与员工间的沟通。沟通管道建立好了，信任自然随之而来，有了信任，林芳就可以放心授权，员工也能大胆决策。当然，执行细节可以放手，策略规划则一定要由主管亲自做，在这一点上，林芳做得非常好。由此可见，管理门店需要一流团队，而建设一流团队，则需要领导有足够的魄力和对员工的信任，能够合理地对员工进行授权。

第 15 章

要业绩，先学管人用人
——金牌店长的人员管理

哪些因素会影响门店的销售业绩

门店制定各项规章制度，执行各种促销方案，或者进行各个方面的人员培训，其目的只有一个：一切为了门店的销售业绩，一切为了门店的盈利。这是门店各个岗位工作人员工作的最终目的，同时，也是一线员工最想得到的最大保障。那么，终端门店的销售业绩与哪些因素息息相关？

首先，可以从一个公式来看一下影响终端门店销售业绩的几个关键指标。

终端门店销售额＝商圈客流量×进店率×（成交率＋续销率＋回头增销率）

商圈客流量：是指在门店所处商圈中来往经过的潜在客人的

数量。客流量大小直接决定了进店客人的多寡，而客流量大小又取决于店面的集客、引客能力，它与门店位置、品牌定位、装修、员工工作状态等密切相关。

进店率：指经过门店的客人进店的比例。进店的人数越多意味着销售机会越多，门店经营者可以通过改善门店货品陈列方式、工作人员精神面貌以及提高产品的吸引力等方法来吸引顾客，以增加顾客的进店率。

成交率：指进店客人达成购买事实的比例。门店销售人员的服务态度、技巧和货品的质量高低、存量的丰富程度决定了商品的成交率。门店人员销售技巧高，服务态度好，货品质量优良，数量充足，则成交率高。

续销率：指达成购买事实或意向的客人在完成了原有购买计划之后，又继续增加了购买量。门店销售人员主要通过灵活运用系统走货概念，来增加单个客人的总体购买额度。

回头率：指一个客户在产生一次购买行为以后，依赖信任门店的产品及服务，不断回头重复购买，成为老客户。老客户的开发维护需要门店销售人员充分运用高超的销售服务技巧，同时，还要通过建立客户档案、制定 VIP 客户政策、老客户享有促销优惠等方式来增加回头增销率。

其次，综合各个关键指标我们发现，影响终端门店销售业绩的具体因素主要包括两大方面：不可控因素和可控因素。其中不可控因素主要是指货品设计、天气影响、商场变化、流行趋势、销售阶段等，有时甚至门店选址也带有一定的不可控性。而可控因素主要包括以下几个方面。

1. 优秀店长的作用

店长是一个门店的灵魂人物，门店的形象与店长的形象息息相关。当然每个店长都不是天生的优秀人物，都是在后天的锻炼中形成了自己的销售技巧、领导魅力。因而，作为一个店长，要不断学习，不断总结，不断要求自己提升，为店员们塑造一个良好的典范，让门店的工作顺利进行，提高门店的销售业绩。

2. 员工素质

员工的个人素质及能力不同，相应的，所传达给顾客的信息也不相同。门店的每位员工要时刻注意，无论自己采用什么样的有效方法，最终传达给顾客的都是品牌价值，让顾客在享受服务的过程中体会到门店的品牌价值观，从而让顾客对品牌认可，进而建立品牌忠诚度。这是提高成交率和回头率所需的思想引导。

3. 商品陈列

商品陈列的目的在于展现产品的优点，吸引顾客的眼球。顾客在店前驻足的过程，也就是顾客在评估这个品牌是否值得他购买的过程。而顾客驻足时首先进入他眼帘的是产品的陈列形象，生动化的商品陈列，不但可以隐藏某些产品的缺陷，还会让人产生购买的冲动，从而大大增加成交的可能性。货品陈列要注意定期更新，保持新鲜感，要突出一定的主题，吸引顾客关注。

4. 科学促销

在商品销售过程中，与其不断劳碌于扩大 VIP 基数，不如将更多的精力用于为 VIP 提供优质服务上。服务到位了，准 VIP 客源自然不会断。在 VIP 的后续服务过程中，应尽量做到三天回访使用情况，三周后再次确认，三个月后再次提醒，保持和顾客的沟通联系，从而为门店推广促销。

同时，门店经营者要注意在保证不伤害品牌形象的前提下进行促销。促销时要有专门的促销场所，让促销价与正价分开；不要轻易或高频率进行促销，因为这会使你的品牌价值短期内暴跌，从而在一段时间内影响营销门店的销售业绩。

5. 售后服务

售后服务是影响门店续销率和回头率的重要因素。售后服务应强调服务意识与服务热情，让顾客在接受服务过程中感到舒心、便利。

6. 清晰的目标制订

门店除了制订年度、季度和月度销售目标外，还可以将月度目标任务制订分解，具体分解到每一周、每一天，甚至是每一个人，员工也要为自己大致订立一下当日的销售目标，帮助自己提高工作动力和销售效率。

7. 丰富的商品选择

缺货是“销售杀手”，要想保持销售业绩的稳定增长，门店经营者要组织员工定期清点库存、进行销售预测、调整货品、记录断码货品等，无论如何，必须保证货品的齐全和质量。另外，清晰货品风格非常重要，它可以帮助顾客清晰自己所需。成功、成熟品牌的商品一般都是风格统一、系列分明、主题化鲜明的。这对于培养回头客和忠诚顾客十分有益。

8. 舒适的购物环境

注意门店的卫生、特色布置等细节给顾客带来的正面感受，灯光、空调、背景音乐等因素也会影响销售情况。

做好店员的绩效考核工作

绩效是指员工在具体工作中所取得的成绩。通常包含以定量为主的有形绩效和以人际关系、工作态度、劳动积极性等定性为主的无形绩效。

绩效考核就是运用科学的考核标准和方法，对员工进行定期或不定期评价。它是企业或门店人事管理的重要内容，也是人力资源管理的核心职能之一。绩效考核的目的是通过考核提高每个员工的效率，最终实现企业或门店的经营收益目标。

绩效考核在门店管理中具有重要作用，首先，它具有明确的管理功能，可以提供明确的企业工作标准，提供运用考核手段、考核结果的方法等。其次，它有利于提升门店计划管理和控制工作的有效性。绩效考核规定了阶段性门店经营所需要完成的目标，可以有效弥补门店管理随意性大的缺陷，避免门店经营处于不可控状态。最后，它还是激励员工的重要手段。门店管理者根据绩效考核结果决定奖罚的对象及等级，可以起到激励先进、鞭策后进的作用。

因而，为了科学合理地对员工进行绩效考核管理，充分调动员工的积极性，门店管理者应当建立配套的绩效管理体系，制定合理的绩效管理方法。

在做好员工的绩效考核这件事情上，店长应当注意以下几个方面。

1. 建立合理的绩效目标

“目标不同，结果迥异”。要想有效地衡量员工的业绩水平，必须先明确科学的绩效考核指标。考核指标的设立需要注意三个方面：一是考核指标要能体现出不同业绩水平间的等级差异；二是考核指标不宜太多，要紧紧围绕考核的目的来设置考核指标；三是抓住关键指标，解决重点问题。总而言之，要建立有效的目标管理系统，就要基于门店的战略目标自上而下建立目标链，把总目标层层分解到部门，进而确定绩效指标。

2. 确定考核内容，量化关键业绩指标

绩效考核中经常使用的考核内容主要包括员工特征、员工行为和工作结果三个方面。考核指标的选择应该根据考核内容，注重主观和客观相结合、定性与定量相结合。

量化关键业绩指标需要做到：首先，设定与门店经营流程相关的标准值，设定出一系列对门店发展、经营有提示、警告和监控作用的标准衡量指标；其次，将所得的实际值与预先设定的值进行比较评估，分析原因，并找出解决的方法与途径；最后，根据分析结果，适当调整和优化门店管理流程，以使未来的实际绩效指标能够达到门店经营者满意的程度。

3. 采取有效的考核方法

“没有规矩，不成方圆。”店长在进行绩效考核的过程中，应当采取有效的考核方法，逐步完善绩效标准；应当确保向所有的考核对象提供明确的工作绩效标准，从而完善门店的工作绩效评价系统；应当建立客观而明确的考核管理标准，将员工的能力与成果、定性考察与定量考核结合起来。

4. 公开考核过程

考核要定期举行，主要包括月度考核和年度考核。年度考核以月度考核为依据，对年度考核优秀的员工，可给予加薪或晋升奖励，反之，则给予降薪或淘汰处罚。奖励与处罚关系到每一位员工的切身利益，店长应将考核的内容、方法和结果等完全公开，让员工切实了解自身的考核情况，并对考核结果感到信服。

5. 坚持检查、监督考核情况

对员工进行考核监督，一般都是由上级部门或负责人员对下级部门或负责人员的考核情况进行检查监督。比如，当部门经理负责考核员工时，总经理则负责监察部门经理，要求其严格按照考核标准规范考核行为。对于在考核中出现违纪行为的，不但要给违纪员工扣分，同时还要给负责考核的相关部门经理双倍扣分。监督检查机制的建立，目的就是要防止考核人员包庇被考核人员，避免考核不公的现象发生。

6. 注重绩效评估与考核反馈

绩效评估一般在一定的考核周期后进行。绩效评估一方面可以对同一员工的各项指标及工作执行情况进行分析，通过分析结果，对该员工进行进一步的指导和发展方向的规划；另一方面也能对部门和类别之间的任务完成情况、对组织的贡献率等进行分析反馈。绩效评估与考核反馈是评比先进、树立榜样的依据。

总之，店长要想提高门店的经营业绩，需要做好门店员工的绩效考核工作，要正确认识绩效考核本身的非目的性，其真正目的在于通过绩效结果的反馈与持续改进，不断改进和提高门店的绩效管理水平。

如何留下有能力的店员

管理界有一个著名的“8020 原则”，它是指企业 80% 的财富是由 20% 的员工创造的。这 20% 的员工便是构成企业核心竞争力的一大要素。在市场竞争日趋激烈的现状下，优秀人才对门店的发展起着至关重要的作用，门店间的人才争夺战愈演愈烈。留住优秀店员，才能实现门店的顺利发展，否则，优秀店员的流失将会是门店最大的损失。

那么，面对店员的离职申请，门店管理人员应该如何挽留店员，让其回心转意呢？其实，无论采用什么样的方法留住优秀的店员，门店经营者都要切记“留人千万招，招招在留心”。挽留优秀员工，务必要有新理念，要从多方面考虑问题。

1. 为店员提供安定的生活保障

生存是第一要务，是一个人最基本的需求。在一个门店中，员工的个人生活情况是很重要的。一个整天为生活而发愁的员工，怎么可能做到心无旁骛、专心工作呢？因而，店长应该为店员提供安定的生活保障，在能力所及的范围内为员工多解决生活问题。只有在生活有保障的前提下，店员的创造力才会得到更好的发挥。

2. 尽量帮助店员实现合理愿望

员工要实现自我价值，必须将自身发展同门店发展紧密联系起来，将自己的目标、利益与门店的目标、利益统一起来，将实现自我价值同实现门店经营价值相适应。同时，门店也要为员工提供实现个人价值的平台。比如，为员工提供各种学习的机会，让员工通过不断学习、不断改善服务水平，运用自身的知识和能力，在为门店发展作出贡献的同时，实现自我价值。

假如优秀店员离职是因为自身的价值或合理愿望无法实现，那么门店经营者就应该为优秀店员搭建实现其梦想的舞台，让店员能够毫无忧虑地给自己充电，提升自己，发展自己，以实现自我人生价值。抓住店员的心，实现店员的合理愿望，不仅能够让店员对门店经营者产生一种“感激”心理，还能让其更好地为门店的经营服务。

3. 让工作环境充满家的温暖

人际关系是每一个门店都必须面对的重要问题。良好的人际关系、宽松的工作氛围、融洽的工作气氛是每一个员工所追求的理想工作环境。门店经营者在日常工作中，要尽量为店员营造温馨的环境，让店员感受到“家的温暖”。

要让店员有“家的温暖”，门店经营者可以多从一些细节做起，比如牢牢记住每一位店员的名字，详细了解每位店员的家庭状况，同时要在一些特殊的日子里，比如店员生日、工作周年纪念日、调动、升迁等时对店员进行适当的表示或问候，增进彼此间的感情。情感战术容易让店员对门店产生依恋，让其感受到门店经营者对自己的关心和重视。这样，优秀员工自然就更容易融入门店氛围里，对门店产生深厚的感情，从而保持较高的忠诚度。

4. 处理好店员的后顾之忧

人们时常会因为个人生活上的一些事情而影响工作，店员们也是如此，有的店员甚至会因一些事情无法兼顾而选择离职。所以，当店员因为生活上出现问题而提出离职时，店长应积极伸出援助之手。若不在自身能力范围之内的事情，可以帮助店员一起寻求解决方案；若是在自己能力范围之内的事情，则要尽全力帮助店员解决问题，这样店员就会有家的感觉，并且愿意长期在此工作下去。

5. 通过职工入股，用股权留住优秀店员

实践证明，门店进行资产结构调整，给优秀的技术人才、管理人才一定的股权，使其利益和未来与门店的发展紧密相连，能有效留住优秀人才。对自己所效力的门店拥有一定的股权，能够激起人才对门店经营与发展的浓厚兴趣，这比单纯涨工资更能吸引优秀店员，更容易让他们为门店的经营付出努力。

总之，让优秀人才流失是门店经营中的一大忌讳。因此，门店经营者必须要想尽办法挽留各种因主观因素而离职的优秀店员，让店员的心安定下来，继续为门店作出贡献，这样门店的经营发展才能更好。

巧用多种方法激励员工

激励是管理的基本职能之一，也是领导的一项重要任务。门店的经营与发展需要员工的支持。门店管理者应懂得，员工绝对不是一种工具，他们的主动性、积极性和创造性对企业的生存和发展而言，具有巨大的作用。因而，要想取得员工的支持，就必须对员工进行激励。有效的激励始终立足于被激励者的需要，门店经营者在了解员工的需要之后，可以综合运用各种激励方法来激励员工。

激励的基本方法主要包括薪酬激励、权力激励、目标激励、参与激励、培训激励、形象激励、感情激励、信心激励等。

1. 薪酬激励

这是一种最基本的激励方法。无论社会发展到哪一步，物质需要始终是人类的第一需要，是人们从事一切社会活动的基本动因。金钱及个人奖酬是使人们努力工作最重要的激励，门店要想提高职工的工作积极性，使用经济性报酬来激励员工是最为基本且十分有效的方式。薪酬激励的方式主要包括：采取工资的形式、奖金、优先认股权、公司支付的保险金，或在做出成绩时给予奖励等。

绩效薪金制是目前比较有效的薪酬激励形式，其要点就是将绩效与报酬相结合，完全根据个人绩效、部门绩效和组织绩效来决定各种工资、奖金、利润分成和利润分红等的发放。实行绩效薪金制既能够提高员工工作的积极性，增加员工的个人收入，又能够减少管理者的工作量。但在实施绩效薪金制时，管理者还应注意明确规定期限内不同人员所应达到的绩效水平，建立完善的绩效监督、评价系统，严格按绩效来兑现报酬，尽可能满足员工的需求，以达到激励员工的目的。

2. 权力激励

许多能力很强的人时常会因为无法忍受规定和种种束缚而倍感受挫。因而，门店经营者可以通过授权，为有能力者提供发挥创意的机会，让他们化挫折感为满足感。这种管理风格着重于实际的目标，而非僵化的过程。它是主管对有能之士的尊重，并将这份尊重转换为让员工有尽情发挥个人创意的自由。这样一来，员工的工作成效必定直线上升，这不仅能满足员工自我实现的需求，还能使他们在备受重视与尊重的心理下更加愉快地工作。

3. 目标激励

目标激励是指设置适当的目标来激发人的动机和行为，达到调动人的积极性的目的。目标作为一种诱因，具有引发、导向和激励的作用。在目标激励的过程中，门店经营者要特别注意以下几点。

①目标必须具有明确性、可行性、连续性和挑战性，让员工能够体会到创造价值的成就感。

②对于员工个人目标的设置，应结合其工作岗位的特点、个人的特长、爱好和发展等诸多因素，将员工个人目标与门店经营管理目标相结合，让员工在个人的能力范围内能够最大限度地挖掘潜质，发挥能力。

③对于已经确定的目标，应大张旗鼓地进行宣传，激发员工

强烈的事业心和使命感，使员工在工作过程中自我激励、相互激励。

④在目标考核和评价上，要客观公正，及时进行奖惩，并做到赏罚分明。

4. 参与激励

门店经营者可以适当地让员工参与到门店的某些管理环节当中，比如，组建质量监督小组，让各部门代表定期检查和讨论质量方面的难题，查找原因，提出解决方案；在作出某项重大决策时，深入基层，听取来自下级、基层和第一线的意见及建议等。这些参与管理的激励方式可以有效激发员工的主人翁精神，形成员工对门店的归属感和认同感，进一步满足员工自尊和自我实现的需要。

5. 培训激励

随着知识经济的迅速发展，知识更新速度不断加快，员工知识结构不合理和知识老化现象日益突出。在自身的知识与技能跟不上时代需求时，员工自我实现的需要就很难得到满足，挫败感便会增强。教育培训作为一种重要的学习方式，不仅能提高员工的知识水平，适应门店的发展需要，更能使员工以最大的热情为门店的发展奉献力量，实现员工个人与门店经营的全面发展。因而，店长要适当地组织员工参加各项知识与技能的培训，提高员工的工作能力，激励员工的工作热情。

6. 形象激励

形象激励所涉及的形象包括组织中的领导者形象、模范人物的个人形象以及优秀团队的集体形象等。无论哪一种形象，都能起到激发员工的荣誉感、成就感和自豪感的作用。因而，店长作为门店的领导者应加强自身能力的培养和形象的塑造，并在自己的日常工作之中，将自己的学识水平、品德修养、工作能力、个性风格等贯穿其间，以自己良好的个人形象作为榜样对门店员工的思想和行为进行激励。当然，具有代表性的新人、优秀员工、劳动模范以及优秀工作团队等，都具有形象激励的作用，都可以大力宣传。

7. 感情激励

喜怒哀乐等情感体验是人们对外界刺激所产生的各种心理反应。情感需要是人类最基本的需要，也是影响行为最直接的因素之一。现代化的新型领导者不仅要注意以理服人，更要强调以情感人，通过情感中所蕴藏的无限力量来激励员工。

感情激励要求店长要加强与员工的情感沟通，从员工思想、生活、工作等各方面给予诚挚的关怀，与员工建立平等、亲切的感情，让员工感受到领导的关心和企业的温暖，甚至让员工产生“士为知己者死”的激励力量，以此来激发其积极性和创造力。

8. 信心激励

期望理论告诉我们，一个人在工作中受到的激励程度与个人对完成工作的主观评价以及工作报酬对自己的吸引力等有很大关系。当员工认为自己无论付出多大的努力都不能完成工作时，其工作的积极性便会降低。这种情况如果不是因为工作确实超出了员工个人的能力范围，那么通常情况下就是因为员工个人对自己缺乏信心所致。

自信心会产生强大的动力，因而，店长需要及时对缺乏自信心的员工进行心理疏导，让他们充分认识到自己的优点和潜力，并给予充分的鼓励，帮助他们树立强大的自信心。员工有了良好的心态、必胜的信念和动力，就能激发出巨大的创造力。

案例 一切以业绩说话

“富春”是北京四环内的一家白酒销售店，2010 年 9 月“富春”正式开业。刚开业时，门店附近没有竞争对手，“富春”的销售业绩一直都很好。到了 2012 年 10 月，距离“富春”三公里范围内多了 3 家竞争对手，“富春”的销售业绩开始直线下滑，甚至在其他竞争对手的销售业绩基本趋于平稳状态时，“富春”的销售业绩仍在下滑。销售有问题，业绩一直不理想，“富春”的经营者李先生一直认为这是员工的问题，于是周周开例会，天天开小会，人人压任务，对工作出现失误的员工加大了惩罚的力度。如此狠抓严管，但数月后仍然不见成效。李先生看在眼里，急在心里，但又一直找不到解决的办法。

后来，李先生咨询了一位销售培训师。培训师在了解了基本情况之后，直接帮他开出了药方：一是调整销售政策，不要怕员工拿高提成、高工资，只要他们拿得多，销售店肯定赚得更多，业绩更好，平均人力资源成本更低；二是采用多种方式激励员工，提高员工的销售能力和销售积极性。

李先生在接受了培训师的建议之后，及时和店内业务员进行了交流，他们通过调查市场，走访顾客和员工，最后摸清了基本情况，并据此制定了一套员工看得见、在努力之后就能摸得着的新的薪资体系。此后，员工的精神面貌和积极性都不一样了。比如“富春”里的一位老员工张强，原来他每个月的业绩基本就是两万持平或高出一点，李先生经过了解，发现这并不是他个人能力或市场的问题，而是工资体系所限，导致他做得多了，所得却并不多。于是张强也就不想那么累，每天只要能完成任务即可。后来，李先生便利用一些空闲时间与张强进行沟通，不断激励他，在薪资调整之后的当月，张强的业绩一下子冲破了 8 万元，当月收入近万元。

员工的工作积极性增强了，“富春”的销售业绩马上就得到了很大的改观，并且人力成本总体还降低了两个百分点。

案例分析

“富春”白酒销售店在人力资源管理和薪资制度环节没有做好，采取传统的会议管理方式，对员工实行高压政策，并不能使员工的工作能力得到有效提高，因而导致销售业绩上不去。后来经过专业人士的指点，通过大量的市场调研和分析，该销售店发现了问题所在，并能够积极、正确地应对，实行有效的薪资体系，采取有效的激励措施，最终使销售店获得了良好的销售业绩。由此可见，门店经营者要正确审视造成门店业绩状况不佳的真实原因，并及时采取有效措施进行改进。一切以业绩说话，抓销售、抓业绩是店长最大的任务。

第五部分　互联网 + 实体店

——金牌店长的 O2O 修炼

第 16 章

时代需要“双剑合璧”
——金牌店长的互联网运用

顺应大势，实体店向互联网靠拢

开不开店在老板，赚不赚钱在店长。但是近年来很多店长抱怨：在互联网门店的冲击下，实体店的生意真的是越来越难做了。事实真的如此吗？马云在上海浙江商会上这样说：“不是实体店不行了，是你家的实体店不行了；不是零售不行了，是你家的零售不行了。”中国也有句古话：“落后就要挨打。”作为店长要了解实体店需要向互联网靠拢的这种大势，要顺势而为，“双剑合璧”，充分利用互联网，发挥实体店和互联网结合的优势，大幅提升门店的业绩。

在 2003 年的时候，淘宝才刚刚兴起，当时，很多人以为这种销售方式是注定走不长远的，当时并没有实体店想做电商。然而，光棍节促销，淘宝就做了一个亿；2012 年的 11 月 11 日，淘宝成交金额创造了新的纪录——191 亿元；2014 年成交金额——570 亿元。种种方式表明，互联网电商是未来发展的新势力。特别是 2015 年以来，实体店倒闭潮愈演愈烈，很多实体店开始转变思维，主动迎接互联网，向互联网靠拢，O2O 商业模式也应运而生。

什么是 O2O 呢？O2O 即 Online To Offline（线上到线下），是指将互联网与线下的商务机会相结合，让互联网成为线下交易的前台，这个概念最早来源于美国。O2O 包含得非常广泛，既可涉及线上，又可涉及线下，可以通称为 O2O。O2O 模式需具备五大要素：独立网上商城、国家级权威行业可信网站认证、在线网络广告营销推广、全面社交媒体与客户在线互动、线上线下一体化的会员营销系统。

通过对 O2O 模式的靠拢，很多实体店缓解了和网上电商竞争的局面，同时还把商品信息更便捷、价格更低廉和服务更贴心完美融合在一起，充分地调动顾客的七情六欲，让顾客有更好的消费感受。

现在，实体店运用线上和顾客互动，实现增值，渐渐成为一种非常实用且潮流的方法。事实证明，在互联网趋势下，如果实体店能够用互联网思维运营，谋求转型，那么它就比传统的实体店更好，比单纯的实体店更有竞争性，客源更广。

作为店长一定要与时俱进，要学习和运用互联网思维。互联网和实体店的结合，就像雨水对大地的渗透一样，遵循着由表及里、由浅入深的规律。随着移动互联网、云计算和大数据等技术的普及，互联网正步入各个行业的核心地带，各个行业也在全方位向互联网转型。双方的深入融合和创新，将是我国经济增长的新源泉。所以，想成为一名金牌店长，也要顺应时代的发展，了解互联网，了解 O2O，做好线上线下结合的修炼。

线上下单线下提货，互联网和实体店的配合

“世界的变化如此迅速，我们都需要跑着追赶。”这是 Alan Grant 在 1993 年的经典电影《侏罗纪公园》中的名言。把它运用于现在实体店和互联网的发展前景中也很合适。现在很多顾客喜欢线上下单线下提货，互联网和实体店相互配合。想做一个具有互联网思维的店长，就要学会 O2O，适应这种销售方式。

优衣库的天猫官网策划发起了一次“贴心购，提着走”的活动，内容是：如果顾客选择“门店自提”，就可以网价九折的价格购买，凭短信到实体店取货。省钱免运费，15 天内无退换还能获得门店优惠券，这次活动把线上线下结合得十分完美。在推出手机 APP 之后，优衣库天猫官网还发起“lucky line”线上排队活动，通过发放优惠券吸引顾客到实体店消费。不少网购达人觉得，“像优衣库这样在网上能拿到九折优惠，享受到网上的低价，避免漫无目的逛街的痛苦，又可以在线下提货，有线下购物的踏实，的确非常有吸引力。”

微博或 APP 也是吸引顾客眼球的好方法。除发布品牌促销信息，如 ZARA、Nike、周大福等的 APP 更增加了“搜索附近专卖店”功能，方便顾客寻找线下卖场。这种线上业务的开展更加方便了顾客随时浏览和挑选款式进而促进实体门店的消费。

将线上、线下这两个渠道整体进行立体深度的组合，就可以满足顾客“既买到便宜货，又能享受到店面服务”的需要，从而以“双渠道”的营销优势赢得市场。可以说，线上平台是品牌系统塑造建设的重要组成部分，除了网上销售，它还包括品牌形象推广、市场活动策划组织、顾客沟通维护等功能。

O2O 营销完全可以结合线上社交网站等多种方式与店面互动。店长可以运用社交网站、微信等平台，加上奖品的刺激，使得顾客的每一次登录、留言、成为粉丝、聊天等行为都能吸引其好友参与；也可以在手机顾客端不定期发送各类可在实体店使用的限时礼券，进一步拉动线下消费。

线上比价，线下下单；线上下单，线下提货；线下体验、线上购物。随着社会的高速发展，人们的购物观念正在这方面急速转变，而为了适应这种新兴的购物理念，无论是实体店还是电商都在尝试转变经营方式。线上、线下融合的速度日益加快，它正在成为一种新的业态，将成为未来店长手中的一把“利器”。

更划算的“团购”，更贴心的“预售”

有不少店长抱怨，互联网时代下，客流都被线上门店分了出去，有很多实体店的促销和打折活动都没人参加了。特别是“团购”和“预售”等门店经营方式的出现，让传统的实体店更加难做。那么如何改变这一现状呢？O2O 模式下，店长可以让实体店与互联网结合，让实体店也有更划算的“团购”，更贴心的“预售”。

1. “团购”“预售”的优势

团购被誉为 O2O 商业模式中的“鼻祖”，最有代表性的有“美团”“饿了么”“口碑网”等。团购之所以这么受欢迎，主要因为团购商品的质量、价格以及售后比普通购物更加放心，也更加划算。

预售是指在商品还没正式进入市场前进行的销售行为。以往实体的门店预售，往往要办一场声势浩大的活动，来吸引客户尝试，不光需要业务员不断推销，后期还要自己统计新商品有没有销路。O2O 模式下的预售则更加省力和贴心。

顾客可以先按卖家设置的订金比例支付订金，再按卖家设置的预售时间段的要求支付尾款，卖家发货。“双十一”“双十二”时期，一般门店都会有预售的安排，拉长大促活动的预热期。顾客提前预购，可确保价格优惠，避免抢购麻烦。店长可以用预售增加顾客购买行为，还能获取信息降低成本。

2. “团购”“预售”的库存

店长要在活动开始前就做好“团购”“预售”商品的库存准备，尽量避免因为商品货源不足而导致客流减少、门店信用受到损害的情况。

同时，除了预售和团购商品，线上和线下主销商品的数量要充足，因为活动期间是顾客查看门店页面点击量最高的时候，对门店其他商品销售的拉动也非常大。

3. “团购”“预售”的开展

库存准备好，就可以在互联网上开始预订。设定“团购”

“预售”商品的价格是一个很重要的步骤，可以设定：当人数是100人时价格是n元，当人数超过100人时，价格肯定低于n元，以此类推。也可以设置几个选项，100人预订，价格是n元；1 000人预订，价格是n－a元；10 000人预订，价格是n－b元。人数越多优惠越大，顾客可以找亲朋好友一起来，从而达到增加销量的目的。

4. “团购”“预售”的好处和维系

现在人们消费行为开始转变，网络消费慢慢普及。顾客可以做到以往想象不到的事情，比如，在家“逛商店”；订货不受时间的限制，还获得较大量的商品信息；可以买到当地没有的商品；从订货、买货到货物上门无须亲临现场，既省时又省力；由于网上商品省去不少现实费用，总的来说其价格较一般商场的同类商品更便宜。

团购好处多多，维系顾客、争取后续订单也是很重要的。对于店长来说，“团购”“预售”除了可以聚集人气，还是养成顾客购买习惯的一种方式。

比如下单配送时，就有机会第一时间接触顾客，这时将自己的微信公众号、APP和优惠政策第一时间告知顾客并进行拉新动作，可形成自己的生态圈；也可以把顾客介绍到实体店，增加顾客的黏性。

实体店拥抱互联网很有前景。以实体店为基础，以互联网为依托，相互融合，互相借力，努力提升业绩，是未来店长发展的方向。

提供灵活便利的线上支付方式

现在不光很多年轻人“机不离手”，很多店家顾客也都是“随机而动”。因此，如果店里没有手机线上支付的方式，最后很可能造成客户流失。那么，店长如何应用线上支付方式呢？

1. 了解线上支付方式的种类

线上支付方式有很多种：微信红包支付、微信转账支付、QQ红包支付、财付通支付、支付宝支付、银行网银支付等，线上支付已经成为购物做生意的必备功能之一，其中微信支付和支付宝支付正在生活中慢慢普及。

2. 了解线上支付的优点

现在物价上涨，购物时，如果是现金支付，那么顾客出门就要带很多现金。如今线上支付就方便很多，还可以规避遗失或者被偷抢的风险；并且线上支付不用找零，不光是方便了顾客，也方便了店家，省时省力。此外，线上支付不用担心假币，因此省去了验钞的麻烦。

线上支付突破了传统商务模式的障碍，无论对顾客、门店还是市场都有着巨大的吸引力和影响力，在新的市场经济时期无疑是达到“多赢”效果的理想模式。有数据显示，我国支付业务量逐年持续稳步增长。其中，电子支付业务增长较快，移动支付业务继续保持高位增长。相信在不久的将来，线上支付方式将更加普遍。

3. 提供灵活便捷的线上支付服务

商品支付的便利度常常会影响到顾客的体验，因此，它也是店长要注意的一个重要方式，了解了线上支付的种类以及优点，店长就可以着手提供方便快捷的线上支付了。

店里到底应该用哪些支付方式呢？店长可以选择支付宝、网银在线、微信支付、贝宝、易宝等，也可以考察本地顾客最常用的支付方式，来设定门店的快捷支付。支付方式越多，对门店的运转越有利。作为店长，要灵活运用线上支付达到盈利、方便顾客的目的，如果因为没有设定线上支付方式而损失客户未免可惜。

案例 西少爷肉夹馍：互联网让实体店更出名

2014 年 4 月，名校毕业的 80 后 IT 男孟兵、罗高景、袁泽陆厌倦了“码农”生活，辞去被外人看好的工作，因一股要在北京吃上家乡正宗肉夹馍的冲动，聚在一起创业，共同创办了“西少爷肉夹馍”。

然而跨行进入餐饮界并不是一件容易的事。从备受羡慕的公司出来，孟兵、罗高景、袁泽陆经历了业务惨淡无人关注的低潮期，创业初期资金的枯竭期。有时候下月房租都凑不出来，甚至吃饭都成问题。

那一刻的他们是迷茫的，当初的豪言壮语，今日的囊中如洗，让一个尖锐的问题摆在面前：是回归“码农”生活，还是改变方式继续创业？

因为出身互联网公司，常年沉浸在互联网里的他们对媒体的传播非常了解，因此，他们决定借助互联网思维，改变现状。

首先，他们想到，想要顾客多就要引起关注，如何制造舆论引起关注呢？在他们共同努力下，微信上一篇《我为什么要辞职去卖肉夹馍》的文章开始被疯转，直接点燃了“西少爷肉夹馍”的品牌知名度，顾客和投资人纷纷慕名而来，“西少爷肉夹馍”开始红红火火。最后，“西少爷肉夹馍”在一年内开了 5 家店，公司扩充为 160 人，融资两次，融资额超过千万元人民币。

案例分析

北京五道口有家生意最火的小店叫“西少爷肉夹馍”。该小店每天下午店门口都会排起百人长队。无论营销大佬还是创业草根都被它吸引：在传统老字号都面临困境的大背景之下，这个“肉夹馍”是怎样走红的呢？它的营销秘诀是什么？答案就是：传统企业的互联网改造。“西少爷肉夹馍”是互联网和实体店相结合的典型。

“互联网 + 实体店”是社会经济发展的大趋势，实体店想要摆脱电商的巨大冲击，发展得更好，就要学会互联网和实体店的结合，迈出“双剑合璧”的第一步。

第 17 章

“酒香也怕巷子深”
——金牌店长的线上推广

让门店和商品信息置顶

线上推广是店长必须掌握的一个技能。毕竟，推广活动在商业中越来越重要，它是顾客来源的保证。如果在线上推广的时候能让自己的门店和商品信息置顶，相信会有更多的顾客慕名而来，如何做到这一点呢？以下是一些建议。

1. 做好线上推广的前期准备

想要做好线上推广，首先要有前期的准备。比如做好门店的建设，为门店选一个有特色的店名、一个好的定位、突出自己的特色商品、充足的货源储备等，这样才能进行后面的推广，让更多的顾客关注，并且有一个好的印象。此外，客服培训和 FAQ 话术也是很重要的方面，推广的准备是推广成功的基石。

2. 优化门店关键词

很多顾客在买东西的时候都会习惯性地在百度等搜索引擎上搜索关键词，然后再选择门店。因此，想要自己的店也能在搜索引擎上被找到，店长必须做好门店的关键词优化。

除了基本的优化设置，还可以对整体页面、类别、具体描述等都进行优化，尽量使用顾客比较常用的词，也要尽可能详细地描述商品，突出商品的特点，抓住客户的眼球。

3. 撰写精华帖

对于店长来说，优秀的文字表达能力是必须具备的。光靠借鉴别人的稿子终究不是好的办法，用自己的语言撰写精华帖才能达到更好的效果。

所谓精华帖，就是在各社区中相对而言质量比较好的、比较吸引人眼球的帖子。而版主为了让大家更方便地找到这些帖子，还会特意在帖子的标题上添加一种类似认证的标志，比如，加“精”字。想要帖子“加精”，可以从下面几个方面尝试。

（1）精彩的文章标题和开头

醒目且具有冲击力的标题和开头通常是吸引顾客最有利的工具。因此，撰写一个较为精彩的标题和开头通常可以快速激发顾客对商品的兴趣，产生一种不得不继续看下去的感觉。

此外，在页面中编辑的时候，还可以通过文字本身的背景、字体、颜色、粗细等方面的独特性，来让文章标题和开头更醒目。

（2）经常到知名网站的论坛发帖

除了门店所在社区，其实还有很多论坛推广效果也不错。只要找到合适的论坛和合适的消费群体，其推广效果不见得会比在内部社区差。店长在不违反网站规定的前提下，经常到网易等知名网站的论坛上发帖，很可能会有意外的收获。

此外，做生意离不开人脉运作。店长要注意和各网站的店长、版主们维系好关系，这样才会使自己的帖子得到一个好的推荐或者升至精华。有条件的话，店长还可以自己申请当管理员，加入一些特殊的群，这些群一般都具有优势，能够让自己的帖子优先获得加精机会。

（3）在最好的发帖时间发帖

店长争取在最好的发帖时间发帖，这样效率更高。一天中最好的发帖时间是在中午的十二点到下午的一点半，以及晚上六点半到十点。因为这两个时间段是人们的休息时间，上网的人会比较多，人流量是最大的。所以店长在这个时间段发帖，回帖率一般会比较高。同理，如果在节假日发帖，那回帖率会更高，效果会更好。

（4）发帖、顶帖

店长要经常发帖，还要经常顶帖。如果在发帖子的时候，看到好的帖子一定要顶，提高自己的知名度，帖子的版主说不定也会回顶。如果店长的帖子成为精华帖了，更要隔一段时间就注意顶贴，以免精华帖沉底。

（5）妙用好评

有一些顾客在交易成功以后会在帖子下面“刷评论”，在给顾客回评论的时候可以在后面加上店里商品推荐，这样也可以大大提高顾客的浏览量，让精华帖发挥更大的作用。

4. 增加促销条款

不少店长会选择在首页标明促销活动及具体情况。然而，实践证明，很多顾客通常都不会在首页逗留太久，他们往往更喜欢在一个商品和另一个商品之间跳转。所以，如果有促销活动，一定要在商品详情页面说明，或者专门在门店上建立一个“促销说明”的页面，在商品详情里加上这个“促销说明”的链接就可以了。

此外，店长可以设置一些免费的赠品，并且要表明这种送赠品的活动随时都可能结束，先买先得，提醒对方尽快采取行动。在商品描述中还可以标明周到合理的退换货服务，解除顾客的后顾之忧，让他们心甘情愿地掏钱购买商品。

5. 不断推陈出新，营造购物气氛

创新对每个店长来说都很重要。创“新”不仅仅指销售点子方面的创新，还指预售新商品、创办新活动等。不断推出新商品，才会让顾客更有期待，成为忠实的买手。

总之，让门店和商品信息置顶带来的好处多多，如果店长能够做到这点的话，意味着会有更多的顾客愿意花更多的钱去购买品牌商品或服务，也让顾客更加信任品牌。

利用好“微信”“QQ”等社交软件

线上推广的方法有很多。除了各论坛，像微信、QQ 等社交软件也是推广的好工具。现在很多人都喜欢用社交软件，那么店长怎么利用这些社交软件进行推广呢?

1. 微信及微信公众号

现在很多人都玩微信，利用微信推广主要是加好友及利用朋友圈去呈现最近的活动和促销商品，当有活动或新品促销的时候发一条微信，忠实顾客第一时间就会看到。

微信公众号是现在很多品牌都有的一种服务。微信公众号可与 QQ 账号互通，通过公众号，商家可在微信平台上实现和顾客进行文字、图片、语音、视频等全方面的沟通、互动，形成一种主流的线上线下互动营销方式。

2. QQ、MSN、陌陌、旺旺上的推广

QQ、MSN、陌陌、旺旺等即时通信上的签名可以迅速地把门店和商品的相关信息发布出去，店长要尽量多地加 QQ 群，可以在 QQ 群里面发布相关优惠信息。不过要注意的是不能一上去就发广告，这样会引起别人的反感。

3. 博客的宣传

开设自己的博客，写与自己经营的商品相关的文章。这会让喜欢博客和阅读的人发现并搜索到门店，起到很好的宣传效果。

具有互动性、即时性、自主性的社交软件在当今社会传播速度和范围都很惊人，如果运用好了这些软件，门店的知名度会有一个很大的提升。

利用搜索引擎进行线上推广

搜索引擎是可以搜索到网上信息的地方，因此，利用搜索引擎来推广自己的门店，是每个“修炼”O2O 的店长必须要会的技能。用搜索引擎推广的时候，会遇到一个比较专业的词，叫“SEO”。SEO 说白了就是通过了解搜索引擎的规律，根据搜索引擎的规律来优化网站。现在最大的搜索引擎有百度、360 搜索等，但是这些搜索引擎的算法也是在不断更新的，常常让人摸不到边缘。“SEO”很有技术含量，那么，如何利用“SEO”进行线上推广呢?

1. 制订搜索引擎推广计划

互联网的发展让很多商家都发现了商机。大多品牌门店都在网上建立了自己的网站，开展了电子商务，然而，很多门店缺乏推广的知识，并没有把互联网真正地运用起来。想要更好地进行线上推广，首要工作是制订搜索引擎推广的计划，包括：推广的目标、方法的制定、引擎推广的实施以及效果的控制等。

2. 招聘专业的网络营销人才

现在有很多门店将搜索引擎的推广外包给网络推广服务商，而自己却没有相关人才。这样造成的一个后果是，服务商和门店之间的沟通不便，侧重点无法达成统一。如果想要搜索引擎计划能够完美实施，那么有自己的专业人才才是上策。

3. 搜索引擎营销效果评价与控制

搜索引擎推广的时候，很多门店都只注重流量，而不注重总结与分析。搜索引擎推广是一项长期的工作，推广的效果与所选择的关键词、预算控制等因素都有很大关系，及时地总结和分析，可以对搜索引擎推广效果进行评价和控制。这样不仅可以节省费用支出，还能得到很好的成效。

SEO是较为流行的网络营销方式。它能够通过增加特定关键词的曝光率，以增加网站的搜索率，进而增加销售的机会。搜索率高低一般与下面几点有关。

①网站内容与关键词的相关程度。

②网站是否完善，网站结构是否完整，是否无错误（链接、文字、显示等）。

③网站的流行程度、网站的维护情况等。

通过了解各类搜索引擎如何抓取互联网页面、如何进行索引，以及如何确定其对某一特定关键词的搜索结果排名等技术，店长可以对网页进行相关的优化，使其提高搜索引擎排名，可以提高门店的访问量，最终提升门店的销售能力或宣传能力。

把SEO做到位，其宣传效果绝对是传统宣传方式的百倍、千倍，所以在条件允许的情况下，店长一定要了解并知道怎么运用SEO。

发放“打折券”“免费券”，吸引顾客消费

“打折券”“免费券”等电子优惠券是一个唤醒沉睡顾客、增加顾客消费次数的方法，很多家店都在使用。适当的优惠不仅可以激发顾客的购买欲望，还能吸引更多的顾客来消费，是一种互惠互利的方法。

但是，店长要注意，电子优惠券使用方法也很有讲究，如何正确利用电子优惠券吸引顾客？要做到以下几点。

1. 选择恰当的发放时间

什么时候发放电子优惠券比较恰当呢？

①在面对新顾客的时候。新顾客产生首次消费给予电子优惠券，表示对购买非常感谢，下次还来将给予优惠。

②在面对比较苛刻的顾客议价的时候。应该表示微利时代没法减价，但为表示感谢特送优惠券一张，下次购买可抵值。

2. 选择适当的优惠程度

电子优惠券是对于老顾客不是打折券，而是一种身份的象征！当然对于可以优惠的商品必须是顾客比较熟悉的商品，知道其原价，并且不是打折商品，质量和品质都不能打折扣，在没有优惠券的情况下必须以原价购买，这样，顾客才能感受到优惠。

3. 正确的优惠券使用时间

很多电子优惠券都是有时效的。店长要给优惠券规定一定的使用时间，比如一个星期内必须使用，过期就作废。给予顾客紧迫感，顾客才会赶快消费。

4. 一定量的优惠券数量

电子优惠券不能频繁发，店长要注意减少发优惠券的次数，节假日根据会员等级发送不同等级的优惠券，会员等级越高优惠越多！优惠券不是简单的一条短信，必须增加验证码项，会员过来消费使用优惠券时必须进行验证码验证，真正让顾客感受到优惠券是通过商家发送出去并且不是随意发送的！

另外电子优惠券短信不能让顾客觉得是机器在操作，单一死板，维客短信必不可少，尤其在生日祝福、重大节日祝贺等。

恰当的发放时间、适当的优惠程度、正确的优惠券使用时间和一定量的优惠券数量才能发挥优惠券的最好效果。如果没有使用好以上几点，不但优惠券发放无效果，而且还会让人有一种品牌低端的感觉，所以做到以上几点非常重要。

跨界推广，和不同的商家联盟

跨界推广现在并不罕见，信息爆炸的年代，各行各业已经开始社会化的融合，不同商家的联盟，可以让不同的粉丝群互相渗透，达到联合营销的“双赢”目的。但是，跨界推广也不容易，如何找一个合适的“盟友”，如何跨界推广是很多店长头疼的问题。

1. 跨界推广的基础

想要跨界推广要具有下面几个特点，商家才会心甘情愿联合，一起奋进。

①合作的商家要有共同的消费者群体。

②合作的商家有做大做强的愿望。

③再次各商家拥有较高的毛利率。

④各商家在当地市场拥有较高的知名度和市场基础。

2. 跨界推广的方式

①一家主导，多家配合，即单向的一对多。如某酒品店主导，向顾客发行“VIP 商务流通券”，顾客可持券到联盟商处消费，酒品店则定期与联盟商进行结算。

②一家主导，多家互动，即双向的一对多。如某一实体店主导，向消费者发行“VIP 商务流通券”，各联盟商因同步促销需要而向顾客赠送“VIP 商务流通券”，此券实现全城通行通兑，联盟各方定期进行结算，形成多行业多方向混合式大联盟。

3. 跨界推广的优点

①客户资源互享，迅速扩大顾客群，将客户群快速扩大百倍。

②联合推广活动，甚至无成本推广，大大节省各联盟商的广告成本。

③联合促销。顾客是真正得到实惠，消费主动性与积极性增大，顾客利益增大，对联盟内所有商家的忠诚度会提高。

④因“VIP 商务流通券”的传播与营销，让顾客定向定点消费成为主流，锁定客户资源，会使加入联盟的商家的客户资源累积效应大增。

⑤跨界推广联盟商抱团行动，建立市场门槛，非联盟的商家将难以支撑巨额客户开发成本和运营成本，跨界推广商家将能争取到更多的顾客。

⑥多家、多渠道互动传播，起到传播共振扩大效应。

⑦通过微信平台、网站平台、400 电话、促销画册、商品画册、电视、海报等媒体对各个联盟商进行捆绑式传播。各个联盟商的品牌宣传也能做得更好。

推广是客源的保证，不管是线上联盟还是线下联盟，跨界推广意义重大，它是门店做大做强后再发展必须要面对的一关，想成为金牌店长，要注意扩大自己的资源和人脉，铺就跨界推广的路子。

案例 关店潮中“薇妮”的自救

薇妮（Vinistyle）是一个著名的化妆品品牌。薇妮的起步阶段，赶上了实体店连锁扩张的黄金时期，尽管当时互联网已经开始波涛暗涌，但对正处于快车道奔驰的零售实体业而言，高速成长的快感让多数企业无暇思虑暗藏的危机。

进入 2012 年，实体零售业开始集体面临一个难题：人流量不断下降，顾客相继减少。切肤的寒冷，薇妮也感同身受，从 2012 年开始，薇妮的门店增速放缓，此前每年增速 100 家的扩张之势再难维系，实体店的冬天真的来了。互联网的兴起，让传统的商业世界大变天。

身处线上与线下的混战，薇妮同样有过矛盾的挣扎，但作为一个有着数百家连锁加盟店的企业，线下转型至线上必定是一个不小的工程，风险性太大，耗损内力之后成功概率太小。更何况，无论是线上还是线下，薇妮始终没有成功的案例可鉴。

经过近 3 年的摸索与试错，薇妮意识到，不管是全面线上的“冒险派”，还是死守线下的“保守派”，其实都是矫枉过正，线上与线下并不绝对对立！

2015 年，薇妮迈出发展史上新的一步——薇妮立足线下，搭建全新的、加强企业与会员关系的 CRM（顾客关系管理）系统。如同 IBM 模式，通过“拓展会员—储备会员资料与消费数据—挖掘需求—提供解决方案”，薇妮除了给予顾客商品，还有顾客所需要的解决方案。

1. 在线下拓展会员

客源是收益的保障，薇妮的每一个店员都很注重拓展会员，当顾客走进门店，店员会以统一的话术，首先了解顾客的身份，再弄清顾家的需求。店员确认顾客为目标群体之后，他们便以扫微信送试用装、照片打印、薇妮棒棒糖等方式招募会员。

2. 线上储备会员资料与消费数据

客户管理是重要的一个环节，对于初次招募的新会员以及多次消费的老会员，他们的基础信息以及个性化的消费行为信息会通过线上收集到薇妮 CRM 系统，以便作为日后的数据分析依据。

3. 线上 + 线下挖掘需求

需求不光是顾客提出的，还有自己挖掘出来的。薇妮线下有粉丝生日会、母亲节专场、女人节专场、顾客座谈会、年终感恩回馈等活动；线上有薇妮会员与会员之间的微信群兴趣社区，如婚恋话题、旅游兴趣、化妆话题、韩粉等，线上 + 线下加强品牌与会员的互动，可以巩固客户群，顺便挖掘客户的新需求。

4. 线下提供各类销售方案

经过信息收集与需求分析，薇妮可以精准掌握顾客的具体诉求，从而摆脱传统零售单一卖商品的模式，形成“咨询 + 商品 + 服务”为组合的销售方案。

可以看到，薇妮并没有将线上与线下割裂开来，而是围绕顾客将线上线下的优势融合在一起，通过线上与线下的有机协同，打造品牌与顾客之间的“强关系”，迎来新的发展和收获。

案例分析

尽管互联网来势汹汹，甚至造成了实体零售业的一个“寒冬”，但实体店并未落后，薇妮的案例告诉“顽固派”们，落后的不是实体店，而是实体店背后所禁锢的传统经营思维。薇妮围绕顾客打造线上与线下的结合，为顾客提供了更好的消费体验，不光得到了“自救”，还找出了一条发展的新路子。从此“酒香”再也不怕巷子深，更好的服务更能深入人心。

第 18 章

线上“生存法则”
——金牌店长的线上管理

在线营销互动：“粉丝”和“互粉”，诚信沟通积攒人气

在店长的线上管理过程中，与顾客互动是一项非常重要的工作。现在，很少有店长不使用阿里旺旺、QQ、MSN、雅虎通以及贸易通等聊天工具。交流工具的使用，为店长和店员以及顾客之间提供了在线互动的机会。互动能够带来关注和收益。在线营销互动一般有以下几个方式。

1. 建立社群与顾客互动

不少门店都有自己的粉丝群，比如，微信群、QQ 群等。店长可以使用这些社群来增加与顾客的互动，了解自己的客户、商

品及店内服务。运用好了社群还可以达到更多意想不到的效果。比如，如果是社区便利店的店长，作为顾客在固定场所出入最多的消费区域，就可以将该区域的人群通过微信群的方式整合到一起，这样便于沟通管理服务和组织线下活动。

建立社群有什么好处呢？

①社群作为离顾客最近的互联网使用工具，可以短时间建立信任，拉近商品信息品牌和顾客之间的距离。

②社群是第一手能够拿到顾客关注点和需求点的直接渠道，也是意见的反馈中心。

③社群是微信公众号中活动、内容传播分享的渠道。

④线上社群也是为线下社群服务，体验区的建立是为社群线下聚会开展小型沙龙服务的场所。

社群让顾客更加有凝聚力、参与感和互动话题。只要将有共同价值观的人群形成圈子，在圈子里传播有价值的内容就能提高顾客忠诚度，所以对商品销售和服务的时候就能迅速产生购买行为。

2. 顾客就是“粉丝”，用微博同粉丝互动

如何吸粉是很多门店店长头疼的事情，实体店也可以有粉丝。顾客就是门店的粉丝！和门店的顾客真诚互动是增加粉丝、吸引人气的基础，也是营销的一种方法，互联网+实体店可以为门店增加更多的忠实用户。下面是一个微博和粉丝互动的经典案例。

2011年6月23日，北京下暴雨，这一事件成为当时微博最热话题。负责杜蕾斯推广的官方微博运营团队一直在想，如何将自己的品牌和这个热点事件相糅合，突然一个年轻人冒出了一个很有创意的想法：“把杜蕾斯套在鞋上，避免鞋子进水”，于是拍下照片，在傍晚 6 时左右发在个人微博上，他的个人微博大约有 6000 粉丝。过了 5 分钟后，杜蕾斯官方微博在年轻人的个人微博上留下评论：“粉丝油菜花啊！大家赶紧学起来！有杜蕾斯回家不湿鞋”，并转发。短短 20 分钟后，“杜蕾斯”迅速排在了微博一小时热门榜的第一名，成为当日新浪微博站转发的第一名。一个看似很偶然的事件营销，让杜蕾斯和粉丝有了互动，产生了化学反应。

3. 回复顾客评论，和顾客互动

店长要想了解门店到底经营得怎么样，顾客的回馈是很重要的一个参考方面。在门店的官方主页、门店或者 APP 等线上渠道，常常会有顾客的评论和留言。店长可以详细阅读这些内容，并认真回复与顾客互动。需要注意的是，店长的回复一定要专业并且让顾客感到充满诚意，讲究沟通的技巧，争取把顾客往积极的方面引导。

4. 节假日与顾客互动

中国的节日很多，中国人民也都比较重视，店长要好好利用每个节日来做促销和宣传。在节日期间，线上线下可以多办一些打折优惠或者捆绑销售活动，这样会给门店带来更多的顾客。节假日与顾客互动的目标就是要让顾客成为自己的忠实顾客，这就要求店长必须做到以下几点。

①学会分析顾客的特点，包括他们的年纪、职业、年龄、爱

好和这些顾客经常在自己网站上买的商品是什么等，店长要有针对性地给他们发相关商品的优惠信息。

②在顾客生日或者节假日之时，送上自己的祝福，哪怕是一句 QQ 问候语；店长还要和这些顾客多交流，利用口碑营销，让这些顾客给门店带来更多的顾客；为了达到宣传效果，在为顾客寄商品的时候，一定要送上一些小礼物和自己网站的宣传资料或者优惠券。

正确应对顾客的“好评”和“差评”

对于线上反馈，店长常常会遇到“好评”、“中评”和“差评”。这些“评论”会影响到门店信誉，因此，每一个店长都不容忽视。面对“中评”和“差评”，店长要保持良好心态正确应对，用真诚的态度沟通，挽回顾客。

1. 时刻关注好评率

好评率是对所有交易的顾客的一个综合评价，具有非常重要的代表意义。因此，店长要时刻注意关注自己门店的好评率，如果好评率太低，将会影响门店信誉。

2. 看顾客的评价留言

看完好评率，就往上翻看一下每笔交易顾客给的评价，通过顾客的评价可以了解准顾客的性格、为人等各方面的信息，重要的还是要关注其信用问题。信用好的顾客常常会给门店更中肯的建议。

3. 看看是否有中评或差评

如果不是 100% 好评，一定要看哪笔交易得了中评或差评，要看顾客对商品的评价语言，还要看顾客以往对其他商品的评价，最后进行综合分析，在这笔交易中，究竟是哪方面做得不够好，如何改进。

4. 看顾客是否有过货到不付款的惩罚

有些顾客买了东西总是喜欢迟迟不付款，拖累门店的资金周转，警告仍无济于事的话，店长可以在网站上进行投诉，这类顾客最好小心接待，以免造成门店损失。

5. 查看顾客过往曾买过的商品

通过查看准顾客过往所购买过的商品类别，可以大体了解到他的爱好、经济水平、消费习惯等信息，进而在沟通时作出更合理的判断。

诚信的沟通，才可能赢得 100% 的好评。“差评”不过是迈向更加完善、优秀门店的必经阶段。因此，店长一定要正确应对顾客的“好评”和“差评”，争取实体店和互联网都做到让顾客满意。

提高“流转率”，降低商品成本

1. 商品成本的增长

线上和线下的结合，势必会提高商品的销量，带来更大的利益，但同时也会面临商品成本增高的压力。

①门店库存积压的资金增加。虽然进货量大可以拿到更优惠的价，但量大必然占用更多的仓库和备用资金。同时，库存一多，场地支出、水电费都会相应增加。

②客服增加。订单多，忙不过来的时候，就需要招新人。人员增加，要付的工资也会增加。

③设备的增加。一些老门店，店内设施陈旧，比如以往使用的电脑和数码相机早已跟不上时代，需要更换，而且也需要添置打印机来打印货单等。

④一些眼光长远的店长还会考虑到门店发展，这也会产生费用，比如品牌建设和保护的费用，以及宣传推广的费用等。

⑤通信费、网络费等间接成本也会增加。

线上商品成本的管理很重要，只有成本和利润比例合理，才能使门店实现盈利，和实体店相辅相成。所以，店长要想方设法降低线上商品成本。而提高流转率是降低成本的有效方法。

2. 提高门店的流转率

想要提高门店的流转率需要做到以下几点。

①制定销售预算。包括销售额预算和各个品类商品的销量预算，要求精确到每个门店，精确到门店的每个单品。比如，某店长设定这个季度某价位的太阳眼镜销售额要达到××支。那么，商品采购时就要参照这份预算来制订采购计划，以免造成商品积压。

②对商品进行分级管理。店长可以根据每种商品对门店的贡献率来进行分级，不同的商品采取不同的对策进行管理。

③设定每个品类的安全库存量。

④分析商品结构，做到“全而不多”。

⑤建立内部反馈体系为了更好地管理商品，门店需要设定内部部门，来定期进行检查，并提交反馈。

⑥新商品采购必须注意适时和适量，这是造成门店流转率低下的常见原因之一。

⑦更好地引导销售。一些滞销品要及时处理，以更好地引导销售。

商品成本管理一直是店长需要注意的一个大方面，特别对于线下与线上结合的门店更为重要，如果有一个详细的规划，以后的工作也会好做很多。

“更便捷”的思维，物流做到最快

现在的线上门店，已经不仅仅是平台化的竞争，更多的是商品差异化、服务、团队管理、物流体系的竞争。其中，物流方面会接触到顾客，因此，物流的好坏对店长来说也是至关重要的。

又一次的“光棍节”开始了。2015 年 11 月 11 日凌晨零点 14 分，北京朝阳区的一位顾客在下单 14 分钟后就收到了在天猫上购买的电视。这是 2015 年天猫“双十一”全球狂欢节配送第一单。

“真没想到那么快，趁着‘双十一’想给家里换台电视，这才刚提交了订单，商品就送到家了，还能现场安装。”第一单的顾客屈先生兴奋地说。

为了赶“双十一”的优惠活动，零点刚过，屈先生就立马下单，然后用支付宝完成支付。随后物流网点接到订单后迅速完成了打单、分拣，并将货物送到物流车上，出发后零点14分，物流奇迹般地完成了送达。

能够迅速完成送达，是每个顾客都希望看到的盛景，如果店长可以具备“更快捷”的思维，那么门店经营就会事半功倍。通常我们提到的物流配送包括两大块：一块是“配”，一块是“送”。

如何“配”呢？对于耐压商品，例如衣物、枕头和床单一类的商品，因为不怕挤所以没有必要用盒子包装，这样不会增加商品的重量，自然就不会增加运输成本了。只要使用厚实的塑料袋来包装即可，当然，装入袋子之前，要把商品尽可能地放整齐。

还有一种商品类型是软硬结合的，可以在商品的最外面一层包裹纸或带泡泡的塑料布。这种做法虽然比较浪费时间，但可起到保护商品的作用，能够受到顾客的好评。

如何“送”呢？对于没有能力自己配送的门店来说，选择一家靠谱的快递公司很重要。这就需要店长综合考虑，择优选择。

现在可供选择的快递公司有很多，比较知名的有顺丰、EMS、圆通、中通、韵达等，但是店长在选择快递公司时要货比三家。例如韵达一般 15 元，速度也比较快，最多 3 天就能够到达；汇通快递一般只要 8 元，但是速度比较慢，一般要 4～5天才能送到。贵一点的快递公司的价格也具有弹性，除了云南、广西、新疆等一些偏远地区价格相对较高以外，其他地区都是可以谈出比较便宜合理的价格的，总的来说服务都还比较不错。

一般在使用快递邮寄商品的时候，要注意以下几点。

1. 弄清楚快递公司的发货时间

一些快递公司因为忙不过来，常会推迟发货时间。如果这时顾客正好下单，并且和店长说好了时间，那么包裹到达的时间很可能会失信于人。一旦失约，就有可能造成顾客的流失，甚至影响门店的信誉。所以一定要弄清楚快递公司的发货时间，如果实在达不到自己的要求，就换一家快递公司。

2. 不要贪图便宜

有一些快递公司确实比较便宜，邮费甚至低到 6 元，但是这样的公司可能是联盟性质的小公司，不仅速度慢，还有一定的危险性，会出现包裹丢失的现象，并且无从查起。所以在选择快递公司时，不能只图便宜，以免因小失大。

3. 同城快递

如果和顾客同处一个城市，可以找比较小的私人快递公司。这种快递公司一般使用私人汽车甚至摩托车来运送，速度比较快，而且有很大杀价空间，可以节省很多的邮费成本。

4. 不要长时间使用同一家快递公司

如果平时的发货量比较多，店长可以使用一些小计策，譬如取件时，让一家以上的快递公司之间“撞车”。为了获得这笔生意，他们会产生一场价格战和服务战。这对于店长来说，他们之间的竞争，是减少邮费成本的有效方法。

5. 和快递员关系的维系

在和快递公司合作的过程中，一定要注意和快递员维系好关系，这样有益于公司业务的开展。况且，和快递员维系好关系并不难，在炎炎夏日，一杯凉开水就可能赢得他们的好感。如果和他们的关系处理好了，会有以下两点好处。

①费用打折。店长在刚开始和快递员合作的时候，拿到的快递价格一般是正常价，如果和他们的关系搞好了，他们会给一些内部价。

②其他服务咨询。如果和快递员的关系处理好了，在和其聊天过程中，他们就有可能会透露一些对店长至关重要的快递相关知识，毕竟他们才是行中好手，这比去网上搜索或去论坛询问要快得多、准确得多。

营销效果监测，开发更多的顾客

现在，互联网＋实体店才是未来大兴之道，于是很多门店都在数据化运营的道路上寻找新的商业思路。然而转变是痛苦的，互联网＋实体店的效果到底怎么样呢？这就需要店长来亲自监测了。

现在营销结果监测有很多软件，主要是利用曝光数、点击次数、跳出率、浏览量、UV、访问、平均访问时长、户均浏览量、订单数、转化率等评估指标来监测。店长可以选择更科学的软件来监测成果，然而，不管成果好坏，从成果中再开发更多的顾客是很重要的一项。

如何利用监测成果来开发顾客呢？

1. 研究顾客以往的购买记录

查看顾客以往的购买记录可以累积关于顾客的信息。通过对顾客的充分了解，在与顾客沟通的时候，才能针对顾客的特点进行，以最大限度地表现出自己的诚意。

2. 查看顾客的帖子

多查看顾客在论坛中发的帖子，也可以搜罗出很多有用的信息，通过这些信息，能够分析出大多数顾客的品味，了解顾客最喜欢和最不喜欢的商品是哪些。

3. 注意顾客对商品的感觉

经营门店，归根结底就是为了商品售出或提供优质的服务，并不断地改进，发展自己的门店。想要把门店做大做长久就需要依靠回头客了，而只有当顾客比较肯定商品的时候，他们才会充当宣传者，为门店增添客流。所以要注重顾客对商品的感觉，让他们爱上商品，宣传商品。

4. 给顾客推介会员

为了能让更多的顾客关注门店，可以给每一个顾客都推介自己的门店会员制，甚至可以规定购买“秒杀”商品的顾客必须是会员。想发展更多的会员，要求就不能太高，门槛必须适当。当顾客成为会员后，将对门店更有认同感，购买欲亦更加旺盛。

5. 为顾客建立群体

为了进一步增强顾客的黏性，可以建立“秒杀”活动群，把活动公告贴在群里，还可以组织一些丰富多彩的线下聚会，让顾客更有归属感，增强顾客的凝聚力。

在很多人的眼中，经营线上的门店是一种比较轻松的赚钱模式。而事实上，想要经营好一家线上门店并非想象中那么简单，这其中会伴随着很多困难，时刻考验着每一个店长。

案例　网络防骗：小心竞争对手“黑吃黑”

“双十一”马上就要来到了，众所周知，这天是各大线上商铺销售的“黄金期”，无论门店大小，各路卖家都在紧张地为“双十一”备战。路子比较深的大卖家可以依靠雄厚实力进入“双十一”主会场，购买钻展或者开直通车迎接“丰收”。而没有背景的小卖家也没有闲着，除了常规备货，加大库存以外，还要为自己门店信誉的提升做进一步努力，毕竟自然排名高的门店才能取信顾客，在“双十一”期间脱颖而出。

因此，“双十一”也是一年中刷单最频繁的时刻，网上充斥着很多的刷客。刷客悄然成风，参与者众多，然而除了常规的刷客军团外，有一群“黑吃黑”的刷客也蠢蠢欲动，开始向经验少的店长下手。这群刷客利用店长想冲排名的心理，打着专业刷单的名义，要的是低价，然而行的却是“黑吃黑”的勾当，他们不光看中了店长口袋里的钱，还料定事情败露后，这些店长拿他们没办法，毕竟刷单是非法行为，不受线上规则和法律的保护，一旦曝光还有可能被关店！

很多店长都清楚信誉对于一家门店的重要性。特别是线上购物，顾客常常看完商品，就开始看门店的各项评分以及以往顾客的留言。毕竟，线上购物看不到实物，很多顾客都怕上当。一个信誉好的门店，是非常受欢迎的，换言之，顾客对于价格及服务更加看重的是商品是否和描述相符。然而，随着线上购物的发展，越来越多的所谓的“信誉门店”都是通过一些“刷钻平台”刷出来的，这导致顾客买下的商品根本不是自己想要的。

曾经有一家“刷钻”网站突然宣布倒闭，倒闭时卷走了全国众多淘宝店主的“刷钻”担保金，这些店长的损失少则几百元，多则几万元，事件引起了轩然大波。

闹剧事发之后，受害店主们组建了多个 QQ 群商量维权，在商讨的过程中，店主们大多都有着微妙的心态，他们一方面希望向公安机关报案，可以追回损失；而另一方面，因为“刷钻”本身就是违规的，店主们也担心遭到制裁，被迫关店。

案例分析

对于“刷钻”行为，线上规则是严格禁止的，所以门店要真实才会有利于线上经济的发展，然而，一些门店为了追求利益，每次“双十一”都利用刷单等手段提高门店排名。为了公平交易，互联网上有一个系统是专门进行监控的，比如如果同一个 ID 短时间内出现大量的交易，系统就会介入，暂停该 ID 的交易，如果查到是“刷钻”的行为，就会进行封店。现在淘宝网等网站除了机器之外，还安排了专门的人工小组对“刷钻”进行排查。因此，第一次接触门店的店长一定要注意警惕网络诈骗，小心竞争对手“黑吃黑”。